CE2

Compréhension Lexique Étude de la langue Orthographe

CLÉO

français

Manuel d'entrainement

Antoine Fetet
PEMF

RETZ
editions-retz.com

Sommaire

Compréhension

Lexique

Cet ouvrage suit l'orthographe recommandée par les rectifications de 1990 et les programmes scolaires. Voir le site **http://www.orthographe-recommandee.info** et son miniguide d'information.

ISBN : 978-2-7256-3816-4

Étude de la langue

Orthographe

Présentation

C.L.É.O. est un dispositif d'entrainement pour accompagner tous les élèves, à leur rythme, dans la maitrise progressive de la langue.

Conformément aux orientations définies par les programmes 2016, **C.L.É.O.** organise les apprentissages au moyen de séances courtes et fréquentes d'observation, de manipulation et de réflexion sur le fonctionnement de la langue, favorisant l'appropriation des compétences sur le long terme.

Le manuel est organisé en quatre domaines aisément repérables :

- **Compréhension** (informations implicites, cohérence textuelle, chronologie du récit, substituts du nom, intentions et sentiments des personnages, etc.)
- **Étude de la langue** qui englobe la grammaire et la conjugaison (organisation de la phrase, classes et fonctions grammaticales, étude du système verbal, temps de l'indicatif, etc.)
- **Lexique** (utilisation du dictionnaire, familles de mots, préfixes, suffixes, polysémie, mots génériques, sens propre et sens figuré, etc.)
- **Orthographe** (maitrise des accords dans le groupe nominal, accord sujet-verbe, terminaisons verbales, homophones, etc.)

Ce manuel comprend trois types d'activités, généralement réparties en trois rubriques.

Activités « *Pour commencer* »

En ouverture de chaque séquence, ces activités sont conçues comme des **situations-problèmes** déclenchant chez l'élève un questionnement, un intérêt pour la notion à étudier. Elles sont conduites au sein de moments de travail collectif, individuel ou en groupe. Leur déroulement est détaillé dans le guide pédagogique.

L'entrée dans la notion permet naturellement une première découverte, mais constitue également une préparation aux activités « Pour s'entrainer » : quelles procédures sont à mettre en œuvre ? sur quels points l'attention devra-t-elle porter ? quelles seront les difficultés à surmonter ou les obstacles à franchir ? Etc.

Il ne s'agit pas ici de présenter des savoirs trop tôt ou trop vite et d'en demander l'acquisition instantanée : C.L.É.O. promeut une vision plus réaliste des processus d'apprentissage. L'élève doit être conscient qu'apprendre n'est ni forcément facile, ni forcément rapide, mais qu'un entrainement méthodique et régulier, une appropriation patiente des procédures sont nécessaires à une véritable acquisition des compétences. Le principe des entrainements réitérés donne le temps à tous les élèves de progresser et de maitriser peu à peu les difficultés rencontrées.

La première partie du cahier d'activités reprend un grand nombre de ces activités « Pour commencer » afin d'en faciliter la mise en œuvre.
Le picto mentionne un renvoi au cahier.

Comment utiliser C.L.É.O. au quotidien ?

L'utilisation de ce manuel n'est pas linéaire : les séquences d'entrainement sont organisées sur le moyen et le long terme (de quelques semaines à plusieurs mois), de sorte que la programmation prévoit le tuilage sur l'année des domaines d'activités et des notions à étudier (voir la programmation indicative proposée dans les pages 6 et 7 de ce manuel).

Pour exemple, une journée de classe « type » comporte généralement trois moments de travail avec le dispositif C.L.É.O., de durées variables :

- une séance « **5 minutes chrono** » en début de journée, équivalent du calcul mental pour l'étude de la langue (il s'agit d'une très courte activité ritualisée, portant sur un point d'orthographe, de lexique ou de grammaire, et permettant la réactivation et le renforcement d'un point de langue étudié précédemment – description détaillée dans le guide pédagogique) ;
- une séance « **Pour commencer** », d'une durée de 30 à 40 minutes environ ;
- une séance « **Pour s'entrainer** », d'une durée de 15 à 20 minutes environ.

Cette nouvelle version de C.L.É.O. recentre l'étude de la langue sur les compétences de base. Elle a été conçue afin de dégager du temps pour les activités d'écriture et d'oral (détaillées précisément dans le guide pédagogique et le cahier d'activités), conformément aux orientations définies par les nouveaux programmes.

IMPORTANT

Cette nouvelle version du manuel C.L.É.O. CE2 est indissociable des autres éléments du dispositif :

- **Le cahier d'activités :** il facilite la mise en œuvre des activités « Pour commencer » et regroupe de nombreuses situations d'écriture variées, inédites et transdisciplinaires (lecture d'images, arts plastiques, éducation morale et civique...). Dans le manuel, le picto signale un renvoi à ce cahier.
- **Le guide pédagogique :** accompagné d'un CD-Rom, il permet de s'approprier les principes didactiques et pédagogiques innovants de la méthode et présente un grand nombre d'activités supplémentaires et de propositions d'ateliers d'écriture, ainsi que des pistes détaillées pour travailler l'oral.
- **Le site compagnon (www.cleofrancais.fr) :** entièrement réactualisé, il offre aux utilisateurs de C.L.É.O. CE2 un grand nombre d'outils complémentaires (affichages, suivi et évaluation des élèves, activités supplémentaires...).

Activités « *Pour s'entrainer* »

Ces séries d'activités constituent le cœur de l'apprentissage. Elles s'appuient sur la manipulation concrète des notions étudiées, et non sur la présentation à priori des savoirs. D'un format stable (une consigne commune, une complexité similaire sur l'ensemble d'une série), elles donnent le temps aux élèves de se saisir de la notion en cours d'apprentissage et de progresser, chacun à leur rythme. Il s'agit de favoriser un sentiment de sécurité et de compétence face à des activités dont, peu à peu, on perçoit mieux les enjeux et les critères de réussite.

Activités « *Pour aller plus loin* »

Ces activités sont destinées en priorité aux élèves les plus rapides ou les plus avancés : elles leur permettent de travailler sur les mêmes notions, mais sous un angle différent, généralement plus complexe, ou encore d'aborder une notion nouvelle en lien avec celle qui est étudiée. Elles constituent donc un moyen efficace de gérer l'hétérogénéité dans la classe.

En prolongement, des **activités d'écriture** sont également proposées dans le cahier d'activités.

L'aide-mémoire

Il synthétise l'ensemble des notions à maitriser au CE2. Quand une règle, une procédure ou un savoir ont été formalisés en classe, l'enseignant donne à apprendre la leçon correspondante dans l'aide-mémoire. Ce moment de formalisation intervient au cours ou à l'issue des entrainements.

Le rôle de l'aide-mémoire est donc double :

- **outil d'apprentissage** des leçons, il comporte une rubrique « À la maison » (destinée aux parents) pour rendre la mémorisation plus efficace ;
- **outil d'aide** pour l'écriture en autonomie, il est organisé et rédigé de manière à être réellement à leur portée.

Évaluation

La démarche de **C.L.É.O.** met l'accent sur l'appropriation progressive des savoirs et des savoir-faire. De même, l'évaluation proposée s'intéresse davantage aux progrès de l'élève sur le moyen et le long terme qu'à sa performance à un instant *t*.

Les élèves peuvent mesurer leurs progrès en continu, grâce à des graphiques (présentés dans le guide pédagogique et à télécharger sur **www.cleofrancais.fr**). Ils suivent ainsi l'évolution de leurs performances et prennent davantage conscience du caractère progressif de l'appropriation des compétences.
À la fois plus sécurisant et plus exigeant, ce mode d'évaluation définit clairement le niveau de réussite attendu de la part de tous les élèves.

En conclusion

La conception de C.L.É.O. s'appuie sur des options didactiques et pédagogiques fortes.

Pour les élèves :

- leur laisser le temps de s'approprier les notions à acquérir ;
- organiser des entrainements réguliers... sans être rébarbatifs ;
- proposer des situations de travail mobilisatrices et stimulantes ;
- leur donner une meilleure visibilité des apprentissages dans lesquels ils s'engagent.

Pour l'enseignant·e :

- des activités d'entrainement décrochées qui, grâce à leur format récurrent, permettent souplesse et autonomie dans l'organisation des apprentissages ;
- un travail de consolidation de la compréhension des textes ;
- une très large gamme d'activités utilisables dans un grand nombre de situations : prises en charge par les enseignants spécialisés des RASED, mise en place de PPRE, MACLé, aide personnalisée, stages de remise à niveau, etc.

Programmation

Semaines : 1 | 2 | 3 | 4 | 5 | 6 | 7 | 8 | 9 | 10 | 11 | 12 | 13 | 14 | 15 | 16 | 17 | 18

COMPRÉHENSION

- Je comprends ce qui est « caché » dans un texte **pp. 8-13** — pc 1 2 3 4 5 6 7 8 9 10 11 12 13 14
- Je repère le passé, le présent et le futur **pp. 14-16** — pc 1 2 3 4 5 6
- Je fais attention à la logique des phrases (1) **pp. 21-24** — pc 1 2 3 4 5
- J'organis… des informatio… — pc 1 2 3
- Je comprends les réactions des personnages **pp. 17-20** — pc 1 2 3 4 5 6 7 8 9 10 11 12

LEXIQUE

- J'explore des familles de mots (1) **pp. 38-41** — pc 1 2 3 4 5 6 7
- Je classe les mots en catégor… — Les suffixes — pc 1 2 3
- Je fais attention aux lettres muettes **pp. 42-44** — pc 1 2 3 4 5 6 7
- Je maitrise l'ordre alphabétique (1) **pp. 45-46** — pc 1 2 3 4 5 6
- Je comprends… — pc 1 2 3 4

ÉTUDE DE LA LANGUE

- Je maitrise les phrases affirmatives et négatives **pp. 60-61** — pc 1 2 3 4 5
- Je reconnais le masculin et le féminin **pp. 68-69** — pc 1 2 3 4 5 6 7
- Je repère le sujet et le verbe de la phrase **pp. 82-83** — pc 1 2 3 4
- Je conjugue les verbes au présent (1) **pp. 62-63** — pc 1 2 3 4 5 6
- Je conjugue les verbes au présent (2) **pp. 71-72** — 1 2 3 4 5
- Je conjugue les verbes au présent (3) **pp. 79-81** — pc 1 2 3 4 5 6 7 8
- Je trouve l'infinitif des verbes **pp. 64-65** — pc 1 2 3 4 5
- Je reconnais les verbes et les noms (1) **pp. 75-76** — pc 1 2 3 4 5
- Je reconnais les noms et les adjectifs **pp. 84-85** — pc 1 2 3
- J'utilise les déterminants **pp. 66-67** — pc 1 2 3 4
- Je reconnais les noms communs et les noms propres **pp. 77-78** — pc 1 2 3 4 5 6
- Je repère les limites de la phrase **pp. 73-74** — pc 1 2 3 4 5
- Je conjugue les verbes au futur **pp. 88-90** — pc 1 2 3 4 5 6

ORTHOGRAPHE

- Je maitrise le singulier et le pluriel des noms **pp. 114-115** — pc 1 2 3 4 5 6 7 8 9
- Je choisis *g, ge,* ou *gu* **pp. 122-123** — pc 1 2 3 4 5
- J'accorde le verbe avec le sujet (1) **pp. 128-129** — pc 1 2 3 4 5
- pc 1 2
- J'utilise *et, ou* **pp. 116-117** — pc 1 2 3 4 5
- Je choisis *-en* ou *-enn, -et* ou *-ett, -el* ou *-ell* **pp. 120-121** — pc 1 2 3 4 5
- J'accorde l'adjectif avec le nom (1) **pp. 126-127** — pc 1 2 3 4 5
- Je choisis *c* ou *ç* **pp. 132-133** — pc 1 2 3 4
- J'utilise *à, là, où* **pp. 118-119** — pc 1 2 3 4 5
- Je choisis *s* ou *ss* **pp. 124-125** — pc 1 2 3 4 5 6 7
- Je choisis *c* ou *qu* **pp. 130-131** — pc 1 2 3 4 5 6

Cette proposition de programmation est indicative : on l'adaptera à la réalité de la classe.

(pc) = Activités « Pour commencer ».

19	20	21	22	23	24	25	26	27	28	29	30	31	32	33	34	35	36

(15) (16) (17) (18) (19) (20) (21) (22) (23) (24) (25) (26) (27) (28) (29)

pp. 25-26 — (4) (5)

Je comprends de qui on parle dans un texte pp. 31-33 — (pc) (1) (2) (3) (4) (5) (6)

Je fais attention à la logique des phrases (2) pp. 34-37 — (pc) (1) (2) (3) (4) (5) (6)

Je lis différents types de documents pp. 27-30 — (pc) (1) (2) (3) (4) (5) (6)

pp. 47-48 — (4) (5)

J'explore des familles de mots (2) pp. 53-55 — Les préfixes — (pc) (1) (2) (3) (4) (5) (6)

Je maitrise l'ordre alphabétique (2) pp. 58-59 — (pc) (1) (2) (3) (4) (5) (6) (7)

les différents sens d'un mot pp. 49-52 — (5) (6) (7) (8)

J'utilise des verbes de sens contraire pp. 56-57 — (pc) (1) (2) (3) (4) (5)

Je conjugue les verbes *être* et *avoir* pp. 86-87 — (pc) (1) (2) (3) (4) (5)

Je découvre des phrases avec ou sans compléments du verbe pp. 101-102 — (pc) (1) (2) (3) (4) (5) (6) (7)

Je reconnais les classes de mots p. 107 — (pc) (1) (2) (3)

J'utilise l'infinitif et le participe passé pp. 94-95 — (pc) (1) (2) (3) (4) (5)

Je construis le passé composé pp. 98-100 — (pc) (1) (2) (3) (4) (5) (6)

Je conjugue les verbes *aller* et *venir* pp. 110-111 — (pc) (1) (2) (3) (4)

(4) (5)

Je conjugue les verbes *faire* et *dire* pp. 103-104 — (pc) (1) (2) (3) (4)

Je conjugue le verbe *prendre* pp. 108-109 — (pc) (1) (2) (3) (4)

Je reconnais les verbes et les noms (2) pp. 96-97 — (pc) (1) (2) (3) (4) (5)

Je maitrise la terminaison des verbes au présent pp. 105-106 — (1) (2) (3) (4) (5) (6)

Je conjugue les verbes à l'imparfait pp. 91-93 — (pc) (1) (2) (3) (4) (5) (6) (7)

Je conjugue les verbes *pouvoir* et *vouloir* pp. 112-113 — (pc) (1) (2) (3) (4)

J'écris les mots en *-ail, -eil, -euil, -ouil, -ille* pp. 136-137 — (3) (4) (5) (6) (7)

J'accorde le verbe avec le sujet (2) pp. 140-141 — (pc) (1) (2) (3) (4) (5)

J'accorde l'adjectif avec le nom (2) pp. 146-147 — (pc) (1) (2) (3) (4)

Je transforme des phrases en respectant les accords pp. 152-153 — (pc) (1) (2) (3) (4) (5) (6) (7)

J'utilise le masculin, le féminin, le singulier et le pluriel pp. 138-139 — (pc) (1) (2) (3) (4) (5) (6)

J'utilise *e* ou *é* (*e* accent aigu) pp. 144-145 — (pc) (1) (2) (3) (4) (5)

J'utilise é (*e* accent aigu) ou è (*e* accent grave) pp. 150-151 — (pc) (1) (2) (3) (4) (5)

Je maitrise l'acc. circ. p. 154 — (pc) (1) (2) (3)

Je choisis *-an* ou *-am*, *-en* ou *-em*... pp. 134-135 — (pc) (1) (2) (3) (4) (5) (6)

J'utilise *a, ont, est, sont* pp. 142-143 — (pc) (1) (2) (3) (4) (5)

Je maitrise les pluriels particuliers pp. 148-149 — (pc) (1) (2) (3) (4) (5) (6) (7)

J'utilise le pronom *on* pp. 155-156 — (pc) (1) (2) (3) (4) (5)

Je comprends ce qui est « caché » dans un texte

Pour commencer

- **Lis ce court texte et les questions ci-dessous.**

Margot poussa un grand soupir en voyant sa maman s'éloigner dans le couloir. Elle serra son doudou contre elle et alla retrouver sa copine au coin des poupées.

– À ton avis, quel âge a Margot ?
– Où se trouve-t-elle ?
– Pourquoi pousse-t-elle un grand soupir ?

Trois élèves ont répondu à ces questions.

- **Observe leurs réponses dans ce tableau.**

	Voici les réponses de Mounia	Voici les réponses de Julien	Voici les réponses de Sabri
À ton avis, quel âge a Margot ?	Je pense qu'elle a 4 ans.	Elle a 7 ans.	Margot a peut-être un an et demi.
Où se trouve-t-elle ?	à l'école maternelle	Elle est à l'école.	à la crèche
Pourquoi pousse-t-elle un grand soupir ?	Parce qu'elle est fatiguée.	Parce qu'elle a peur que maman s'en aille.	Elle est triste, parce que sa maman s'en va.

Es-tu d'accord avec ces réponses ? Explique pourquoi.

Pour s'entrainer

- **Lis le texte.**
- **Réponds aux questions, puis écris entre parenthèses les indices du texte qui t'ont aidé.e à répondre.**

1

M. Langlois nous fit entrer en classe et nous dit :
« Les enfants, Mme Calvet est absente, vous allez avoir un remplaçant. »

a. Qui est M. Langlois ?
b. Qui est Mme Calvet ?

2

Pour lui faire plaisir, donne-lui un peu de salade.
Mais si tu t'approches trop, elle rentre dans sa carapace !

• De qui parle ce petit texte ?

3

Il posa le paquet sur le comptoir et demanda :
— Vous êtes sure qu'il arrivera demain ?
— Certaine, c'est un envoi express, garanti en 24 heures.
6 € 25, s'il vous plait.

a. Où se passe cette scène ?
b. Qui parle ?

4

François sortit la nappe du panier et l'étendit sur l'herbe.
Ensuite, il appela toute la famille pour le repas.

a. Où sont François et sa famille ?
b. Qu'est-ce qu'ils vont faire ?

5

— Oh, non, ce vieux sac à puces a encore renversé sa gamelle !
— Maman, je n'aime pas quand tu appelles Igor comme ça !

• Qui est Igor ?

6

Anita appuya l'échelle contre le tronc et pensa :
« Elles sont bien mures, rouges, rondes et juteuses, comme je les aime ! »

a. Cette scène se passe-t-elle en janvier, en juin ou en octobre ?
b. Que fait Anita ?

7

« Je suis absente pour le moment, merci de laisser un message après le bip.
Je vous rappellerai dès mon retour. »

a. À quelle occasion peut-on entendre ce message ?
b. Qui parle, un homme ou une femme ?

Je comprends
ce qui est « caché » dans un texte

- **Lis le texte.**
- **Réponds aux questions, puis écris entre parenthèses les indices du texte qui t'ont aidé·e à répondre.**

8

Papa prit le sucre en poudre et en versa dans son yaourt.
À la première bouchée, il se leva en faisant une horrible grimace...
« Oh non, Léo, encore une de tes farces ! »
dit-il en crachant dans l'évier.

• *Quelle farce a faite Léo ?*

9

« Nous nous sommes bien amusés à la piscine !
Mais j'ai oublié mon savon dans la douche.
— Tu es vraiment étourdie ! »

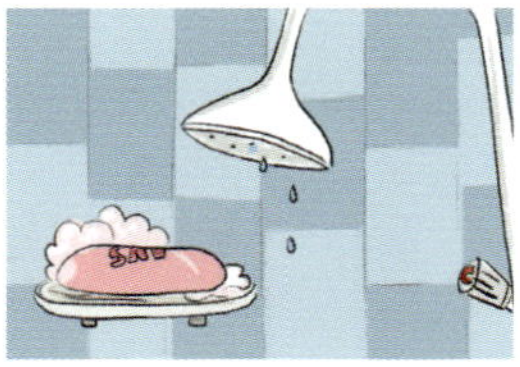

a. Qui est allé à la piscine : Marine et Gaëlle, ou Marine et Paul ?
b. Qui a oublié son savon ?

10

La camionnette de Robert s'arrêta juste devant la maison.
« Oh, pensa-t-il, il est temps que j'arrive, il y a de l'eau
qui coule sous la porte d'entrée ! »

• *Quel est le métier de Robert ?*

11

Elle mit les vêtements sur le tapis
et sortit son chéquier.
« 42 € 30, s'il vous plait. »

a. Qui a dit ces mots ?
b. Où se passe cette scène ?

12

Pierre mit du petit bois au-dessus
du papier et sortit son briquet.
Au même moment arrivait
un garde-chasse qui lui dit :
« Eh, arrêtez tout de suite,
c'est interdit ! »

a. Qu'est-ce que voulait faire Pierre ?
b. Où se passe cette scène ?

13

Myriam valida son ticket et s'assit derrière le chauffeur. Un peu plus tard,
elle se leva, appuya sur le bouton rouge pour descendre à l'arrêt suivant.

• *Où se trouve Myriam ?*

14

Chloé ralentit... Elle poussa un grand soupir quand elle vit que le chien était attaché par une chaine. Elle reprit sa promenade.

a. Pourquoi Chloé avait-elle arrêté de marcher ?
b. Pourquoi pousse-t-elle un grand soupir ?

15

Comme la nuit tombait, il étala
les peaux de bêtes au sol
et se coucha près du feu.
Il voyait, par l'entrée de la grotte,
les étoiles scintiller.

• *De qui parle ce texte ?*

16

Il alla lui serrer la main
en disant : « Félicitations,
mon cher Duval, vous êtes le plus
populaire de mes ministres :
les Français vous adorent ! »

• *Qui dit ces mots ?*

17

Il prit sa ligne, ses hameçons et la petite boite remplie de vers de terre.
Le soleil se levait à peine et il espérait rapporter un bon repas pour sa famille.

a. Qu'est-ce qu'il espère rapporter ?
b. Quelle heure est-il : midi, 6 heures du matin ou minuit ?

18

Stéphane mit en marche la sirène et les gyrophares.
« Tenez bon, Madame, nous y serons dans quelques minutes », dit-il à Fabienne qui se tenait le ventre. Elle lui fit un petit sourire en pensant à son bébé.

a. Quel est le métier de Stéphane ?
b. Où vont ces deux personnes ?

19

Quand M. Marcel entra dans le poulailler, des plumes volaient encore.
Mais du voleur, pas une trace !
« Je t'aurai un jour, coquin ! Et ce jour-là, prends garde à ta queue rousse ! »

a. Qui prononce ces paroles ?
b. Que s'est-il passé ?

Je comprends
ce qui est « caché » dans un texte

- **Lis le texte.**
- **Réponds aux questions, puis écris entre parenthèses les indices du texte qui t'ont aidé.e à répondre.**

20

Gisèle rassembla ses outils et les rangea dans la cabane.
« Eh bien, pensa-t-elle en arrachant une mauvaise herbe, la récolte promet d'être bonne ; ce sera une excellente année ! »

• Où se trouve Gisèle ?

21

Les lumières s'éteignirent progressivement et David s'installa au fond de son siège. Ses yeux brillèrent de plaisir lorsque les premières images apparurent sur l'écran.

• Où est David ?

22

Le soleil allait se lever, mais pour elle, c'était l'heure de dormir. D'un coup d'aile, elle entra dans la grotte et s'accrocha au plafond, la tête en bas.

• De qui parle ce texte ?

23

Du sable et des dunes à perte de vue, c'est ce que Tim vit tout de suite en sortant de l'appareil éventré. Il se mit à l'abri du soleil sous une aile.
« Bon, cette fois-ci, je ne sais pas comment je vais m'en sortir… », pensa-t-il.

a. Où est Tim ?
b. Que lui est-il arrivé ?

24

On entendit un bruit de chaines et l'on vit une ombre blanche traverser la cour du château. La marquise s'évanouit aussitôt.

• Pourquoi la marquise s'est-elle évanouie ?

25

Le drapeau flottait, menaçant, au sommet du mât. C'était ce drapeau que tous les autres navires redoutaient de croiser un jour sur leur route : il apportait le malheur et la mort.

• *Dessine ce drapeau.*

26

La température était presque insupportable. Des petites bulles de gaz crevaient à la surface de la lave. « Il est temps de quitter les lieux, l'éruption est proche ! » cria M. Lazeau à son collègue.

• *Quel est le métier de M. Lazeau ?*

27

Les premières primevères apparaissaient dans les prés et les montagnes perdaient leur manteau de neige. Pour Charlotte, c'était le signe qu'il était temps de sortir de son terrier, après ces longs mois de sommeil.

a. Qui est Charlotte ?

b. En quelle saison se passe cette histoire ?

28

Il ne restait plus que quelques tours de circuit à parcourir. Marc enchainait les virages et les chicanes avec habileté, accélérant au maximum en espérant que son moteur n'allait pas lâcher.

• *Quel est le métier de Marc ?*

29

Il prit l'énorme trousseau qui pendait à sa ceinture, choisit une petite clé rouillée et ouvrit le verrou. Dans la cellule, l'homme dormait, la tête tournée vers le mur.

• *Qui sont ces deux hommes ?*

Je repère **le passé, le présent et le futur**

Pour commencer

- **Lis ces dialogues.**

– Qu'est-ce que tu fais, papa ?
– Je plante le pommier que j'ai acheté ce matin.
Ensuite, je l'arroserai.

– Qui a téléphoné tout à l'heure ?
– C'est Simon qui a appelé. Il rentrera assez tard ce soir, car il mange en ville.

- **Recopie et numérote les verbes dans l'ordre où les actions se passent.**

Quels verbes parlent du passé ? du présent ? du futur ?

sur ton cahier
n° 1 p. 14
... j'ai planté des graines
j'...

Pour s'entrainer

Complète le texte avec les formes verbales qui conviennent.

1

Au printemps dernier, ______ des graines de potiron. Depuis,	j'ai planté / je plante / je planterai
j'______ les jeunes pousses chaque jour,	arroserai / ai arrosé / arrose
et j'______ les mauvaises herbes.	enlève / enlevais / enlèverai
Dans quelques mois, ils ______ énormes	deviennent / deviendront / devenaient
et quand ils ______ mûrs,	sont / étaient / seront
on les ______ ensemble	cueille / cueillait / cueillera
et on ______ un bon gratin !	faisait / fait / fera

2

« Maman, je ne ________ plus ma	trouve / trouverai / trouvais
chemise de nuit ! Elle ________ pas	n'est / n'était / ne sera
sous mon oreiller !	
— Je ________ dans la salle de bains.	l'ai vue / la vois / la verrai
Tu ________ de la ranger ce matin après	oublies / oublieras / as oublié
ton bain. Tiens, quand tu ________	monteras / montais / montes
dans ta chambre tout à l'heure,	
tu ________ aussi tes affaires de piscine.	rangeais / ranges / rangeras
Elles ________ encore dans le couloir. »	trainent / ont trainé / traineront

3

Demain, nous ________ en vacances.	partirons / sommes partis / partons
Les bagages ________ déjà prêts,	étaient / seront / sont
on ________ les valises hier soir !	boucle / bouclera / a bouclé
Il ________ rouler toute la journée	faudra / fallait / faut
et on ________ à la mer vers le soir.	arrivera / arrive / arrivait
Je ________ le nouveau maillot de bain	mets / mettais / mettrai
que Maman m'________ hier	a acheté / achètera / achète
et ________ me baigner très vite !	j'irai / je vais / j'allais

4

Depuis une semaine, je trouvais	
que ma chatte ________ bizarre :	sera / est / était
elle ne ________ plus de caresses	veut / voulait / voudra
et je la ________ inquiète.	vois / voyais / verrai
Ce matin, je ________ avec deux chatons	l'ai trouvée / la trouve / la trouverai
au grenier. Ils ________ très mignons,	étaient / seront / sont
ils ________ doucement	miauleront / miaulaient / miaulent
et ________ presque tout le temps.	dorment / dormaient / dormiront
Quand ils ________ un peu plus grands,	étaient / sont / seront
mon copain Adrien en ________ un	prend / prenait / prendra
et je ________ l'autre.	garderai / garde / gardais

Je repère **le passé, le présent et le futur**

Complète le texte avec les formes verbales qui conviennent.

5

Quand ______ petit,	j'étais / je suis / je serai
______ souvent chez ma grand-mère.	j'allais / j'irai / je vais
Puis ma famille ______ dans une	a déménagé / déménage / déménagera
autre ville et maintenant, je la ______	vois / voyais / verrai
moins souvent. Je lui ______	ai téléphoné / téléphonerai / téléphone
hier soir, je lui ______ qu'elle me	ai dit / dirai / dis
______ beaucoup. Mais l'été prochain,	manquera / manque / manquait
______ en vacances chez elle.	j'irai / j'allais / je vais

6

Au début de l'année, j' ______ souvent en retard car la voiture de mes parents	arrivais / arriverai / arrive
______ mal. J' ______ peur de me	démarrera / démarrait / démarre
faire punir par la maitresse. Mais il y a	aurai / ai / avais
un mois, ils ______ une voiture neuve :	achèteront / achètent / ont acheté
elle ______ au quart de tour et	démarre / démarrera / a démarré
maintenant je ne ______ plus jamais en retard !	suis / étais / serai

Pour aller plus loin

Johan est parti en classe de mer : il a écrit une lettre avant son départ, une autre pendant son séjour et une troisième après son retour.

Recopie les trois lettres en ajoutant les verbes manquants.

Avant

Chère Mamie,
Au mois de mai, avec l'école, on partira en classe de mer : le matin, on travaillera normalement, et l'après-midi, on ______ plein d'activités : on étudiera les animaux du rivage, on ______ à faire du voilier, on ______ la région et on fera des enquêtes sur la mer.
Ce sera super !
Grosses bises, Johan

Pendant

Chère Marraine,
En ce moment, avec l'école, on est en classe de mer : le matin, on ______ normalement, et l'après-midi, on a plein d'activités : on ______ les animaux du rivage, on apprend à faire du voilier, on ______ la région et on ______ des enquêtes sur la mer.
C'est super !
Grosses bises, Johan

Après

Cher Tonton,
Le mois dernier, avec l'école, on est partis en classe de mer : le matin, on ______ normalement, et l'après-midi, on ______ plein d'activités : on ______ les animaux du rivage, on ______ à faire du voilier, on visitait la région et on ______ des enquêtes sur la mer.
C'était super !
Grosses bises, Johan

Je comprends
les réactions des personnages

Pour commencer

- **Lis ces deux textes.**
- **Complète-les en choisissant parmi les propositions ci-dessous celles qui conviennent (certaines sont à utiliser deux fois).**

– Texte 1

Hier après-midi, il m'est arrivé une drôle d'aventure !
Comme l'étang était gelé, avec des copains, on s'est dit que ça serait rigolo de glisser, même sans patins à glace !
Quand je suis arrivé au milieu de l'étang, ____________
Horreur ! La glace était en train de casser !
Avant que j'aie le temps de retourner au bord, la glace a craqué avec un grand bruit ____________
Heureusement, ce n'était pas très profond !
____
____
Je suis rentré à la maison, et Papa m'a dit en me déshabillant :
« Je t'avais pourtant interdit d'aller sur l'étang ! Ça aurait pu être beaucoup plus grave ! Oh, ____________, a-t-il ajouté, ____________ »

– Texte 2

Hier soir, mes parents sont allés au cinéma.
« Tu es grand maintenant, m'ont-ils dit, tu peux rester tout seul à la maison. »
Je leur ai répondu : « Pas de problème, vous pouvez sortir tranquilles ! »
Avant de me coucher, j'ai vérifié deux fois que tout était bien fermé : la porte d'entrée, les volets, les fenêtres, ____________
Je me suis couché, mais je n'ai pas réussi à m'endormir...
Soudain, au milieu de la nuit, ____________
Quelques instants plus tard, aucun doute possible... quelqu'un montait une à une les marches de l'escalier !
Je me suis fait tout petit dans mon lit.
____
____
La porte de ma chambre s'est ouverte doucement...
« Oh, tu ne dors pas encore ? Mais ____________, ____________ »
me dit Maman en m'embrassant.

Pour t'aider

- a – et même la petite lucarne du grenier !
- b – et je suis tombé dans l'eau.
- c – j'ai entendu un grincement bizarre...
- d – Mes dents claquaient malgré moi.
- e – Je tremblais comme une feuille.
- f – je vais te chercher une couverture !
- g – tu es gelé

– As-tu remarqué ce que ces deux textes ont en commun ?
– Comment comprends-tu les phrases en bleu que tu as complétées dans les deux textes ?
– Comment expliques-tu les dernières phrases de la maman dans le deuxième texte ?

Je comprends **les réactions des personnages**

Pour s'entrainer

Lis le texte et réponds aux questions.

1

Patrick entra dans le chalet, posa sa hache et sa scie dans l'entrée puis ôta son manteau et ses bottes. Il s'installa ensuite confortablement devant la cheminée en se frottant les mains.

a. Quel est le métier de Patrick ?
b. Pourquoi se frotte-t-il les mains ?

2

Toutes les copines arrivèrent dans la cuisine, car le gouter allait commencer.
La table était couverte de gâteaux, de tartes, de bonbons et de chocolats.
Myriam, les yeux brillants, se mit à table en se frottant les mains.

a. Que fête Myriam aujourd'hui ?
b. Pourquoi se frotte-t-elle les mains ?

3

La cloche de l'école avait sonné depuis cinq minutes au moins. Je suis rentrée à toute vitesse sous le préau et j'ai couru vers ma classe. Mais M. Miclos me barrait le passage. Debout au milieu du couloir, les bras croisés, il m'a dit : « Alors, c'est à cette heure-ci qu'on arrive ? »

a. De quel élève s'agit-il : Pierre ou Fatima ?
b. Qui est M. Miclos ?
c. Pourquoi a-t-il les bras croisés ?

4

Quand Alexandre est rentré de l'école, ce jour-là, il était très fatigué et il avait un peu mal à la tête. Il n'a pas voulu gouter et sa maman a remarqué qu'il avait les yeux brillants.
« Oh, mon pauvre Alexandre, j'ai bien peur que tu ne puisses pas aller à la sortie de ski organisée par l'école demain ! » dit-elle.

- *Pourquoi Alexandre a-t-il les yeux brillants ?*

5

Mélissa monta sur la première marche du podium, sous les applaudissements du public. Elle n'arrivait pas à croire que c'était vrai... Pourtant, son rêve le plus fou s'était réalisé ! En regardant la médaille d'or qui pendait à son cou, quelques larmes coulèrent sur sa joue.

a. Quel était le rêve de Mélissa ?
b. Pourquoi a-t-elle versé quelques larmes ?

6

Ce jour-là, le maitre est arrivé de mauvaise humeur. Laurine s'est mise à rigoler en remarquant les taches de café et de confiture sur sa chemise, mais il nous a aussitôt prévenus : « Pas de bêtises aujourd'hui, ou je vais me fâcher ! » Nous nous sommes assis dans le plus grand silence, et nous avons attendu, les bras croisés, que la classe commence.

a. Pourquoi le maitre est-il de mauvaise humeur ?

b. Pourquoi les élèves ont-ils les bras croisés ?

7

Roxane s'approcha de Maéva et lui dit : « Je t'ai vue, hier, tu étais dans le parc avec Dylan et vous avez discuté pendant au moins une heure ! Je vais le dire à tout le monde ! » Maéva haussa les épaules en disant :
« Qu'est-ce que tu veux que ça me fasse ? »

a. Pourquoi Roxane veut-elle raconter à tout le monde qu'elle a vu Maéva et Dylan au parc ?

b. Pourquoi Maéva hausse-t-elle les épaules ?

8

Quand le médecin posa son stéthoscope sur ma peau, je fus parcourue de frissons. Il me fit tousser plusieurs fois, puis vérifia mes oreilles. Ensuite, il me demanda de tirer la langue.

a. Qui est malade : Yanis ou Éva ?

b. Pourquoi le médecin demande-t-il à l'enfant de tirer la langue ?

9

« Hugo, où est ton cahier du jour ? Est-ce que tu l'as fait signer par tes parents comme je te l'avais demandé ? » Hugo, l'air très embêté, se mit à fouiller longuement dans son sac, puis dans son casier, et finit par relever la tête en haussant les épaules.

a. Qui a posé des questions à Hugo ?

b. Pourquoi Hugo hausse-t-il les épaules ?

10

Les élèves arrivaient peu à peu dans la cour. Jade, l'air très fier, s'approcha de Lou en chantonnant : « Na-na-nère, j'ai une plus belle robe que toi ! » Pour toute réponse, Lou lui tira la langue et lui tourna le dos.

a. Quelle heure est-il ?

b. Pourquoi Lou tire-t-elle la langue à Jade ?

Je comprends **les réactions des personnages**

Lis le texte et réponds aux questions.

11

Quand Amandine, ma grande sœur, est entrée dans ma chambre, elle a reniflé plusieurs fois et m'a dit : « Dis, tu n'aurais pas joué avec mon parfum, par hasard ? »
Je répondis en bégayant : « Moi ? Ben... Je... Non, pourquoi ? »
Amandine fronça les sourcils et ajouta : « Tu en es sure ? »

a. Amandine a-t-elle un petit frère ou une petite sœur ?
b. Comment Amandine a-t-elle su la vérité ?
c. Pourquoi fronce-t-elle les sourcils ?

12

Quand Mélissa monta sur la première marche du podium, Justine l'applaudit chaleureusement. Elle était contente pour sa copine de l'équipe de France, mais elle ne pouvait s'empêcher de penser : « Si je n'étais pas tombée sur la dernière haie, c'est moi qui serais à la place de Mélissa ! »
Justine essuya quelques larmes qui coulaient sur sa joue.

a. À quelle épreuve les deux amies ont-elles participé ?
b. Pourquoi Justine verse-t-elle quelques larmes ?

Pour aller plus loin

Rappelle-toi !
Tu sais que certains gestes, certaines attitudes peuvent avoir des significations différentes.
Par exemple, on peut froncer les sourcils :
- pour montrer qu'on n'est pas content ;
- ou parce qu'on se concentre sur quelque chose de difficile.

1. Regarde cette liste de propositions et trouve, pour chacune, au moins deux situations différentes.

sur ton cahier
• tapoter avec les doigts
– sens 1 : marquer le rythme d'une musique qu'on écoute
– sens 2 : ...

- tapoter avec les doigts
- devenir tout rouge
- bâiller
- tousser
- taper du pied
- cligner de l'œil
- mettre la main devant sa bouche
- ouvrir des yeux tout ronds

2. Écris deux petits textes en te servant de la même expression utilisée dans deux sens différents.

Je fais attention **à la logique des phrases** (1)

Pour commencer

- **Observe ces étiquettes : trois phrases ont été mélangées.**

Dès que les tomates seront mures, | et je les mange. | je les ai cueillis | je les cueillerai | Chaque fois que je vois des fraises bien rouges, | et je les ai mangés. | je les cueille | et je les mangerai. | Quand les radis ont été assez gros,

- **Récris-les dans le bon ordre, puis souligne tous les verbes conjugués.**

Quels sont les verbes au futur ? au présent ? au passé ?

Pour s'entrainer

- **Lis chaque phrase et complète-la avec la proposition qui convient.**
- **Puis écris si la phrase est au présent, au passé ou au futur.**

1

- Hier, je me suis couché tôt et [je lis / j'ai lu / je lirai] un moment.
- Dans la cour, les élèves criaient et [jouaient / jouent / joueront] au loup.
- La princesse [ferme / fermera / ferma] les yeux et s'endormit.

Je fais attention
à la logique des phrases (1)

- **Lis chaque phrase et complète-la avec la proposition qui convient.**
- **Puis écris si la phrase est au présent, au passé ou au futur.**

2

- Samedi, j'irai chez mon grand-père et il m' [a appris / apprend / apprendra] à jouer de la flute.

- Ce dimanche matin, la rue est déserte et les magasins [étaient fermés. / sont fermés. / seront fermés.]

- Quand le médecin arriva dans la chambre, Gabriel [dormira / dort / dormait] profondément.

3

- J'épluche les carottes pendant que Mamie [préparait / prépare / préparera] la tarte.

- Dès que le vent se leva, tous les bateaux [rentrent / rentrèrent / rentreront] au port.

- Lorsque nous retournerons au zoo, [j'allais / j'irai / je vais] voir les bébés tigres.

4

- Assise sur un nénufar, la grenouille plongea dès qu'elle me [verra.] [voit.] [vit.]

- À la ferme, quand j'étais petit, on [joue] [jouait] [jouera] dans le foin.

- La tempête qui a traversé la moitié de la France [a fait] [fera] [fait] d'importants dégâts.

5

- La prochaine fois que tu iras à la piscine, tu [penses] [penseras] [a pensé] à ton maillot !

- J'ai fait un peu de ménage, pendant que tu te [reposes.] [reposeras.] [reposais.]

- Tristan retournera à l'école dès qu'il [ira] [va] [allait] mieux.

Je fais attention
à la logique des phrases (1)

- **Lis chaque phrase et complète-la avec la proposition qui convient.**
- **Puis écris si la phrase est au présent, au passé ou au futur.**

6

- Le chef d'orchestre leva sa baguette et le concert [commencera.] [commence.] [commença.]

- Quand on respire, les poumons se [gonfleront] [gonflent] [sont gonflés.] d'air.

- Mon pull a rétréci ou bien c'est moi qui [grandissais ?] [ai grandi ?] [grandirai ?]

Pour aller plus loin

Lis le début de ces phrases et invente la suite avec les mots qui te sont donnés entre parenthèses.

Hier, nous avons fait une grande balade et nous... (piqueniquer dans la forêt)

Dès que je serai assez grand, j'... (apprendre la guitare)

Chaque fois que Papa essaie de réparer la voiture, il... (dire des gros mots)

Quand le repas sera prêt, nous... (passer à table)

Quand il pleut, je... (prendre mon parapluie)

Quand j'étais petit, j'... (emporter mon doudou partout)

J'organise **des informations**

Pour commencer

- **Observe cette affiche.**

– Quelles informations sont données ?

– Quels passages à la ligne faut-il modifier ?

Ce soir à
21 heures sur la place du
marché grand spectacle de
cirque pour fêter le début de
l'été. Venez nombreux !

- **Recopie l'affiche en l'améliorant.**
- **Puis entoure les mots ou les groupes de mots qui répondent aux questions suivantes :**
  - **en bleu** : où ? à quel endroit ?
  - **en orange** : quand ? à quel moment ?
  - **en vert** : pourquoi ? pour quelle raison ?

Pour s'entrainer

- **Lis l'annonce. Pour qu'elle soit plus facile à lire, cherche les endroits où il faut passer à la ligne.**
- **Puis relis-la à haute voix et recopie-la.**

1

J'ai perdu samedi dernier un petit
chat tigré yeux
verts très craintif dans le quartier
des Provinces. Si vous
le voyez, appelez-moi au :
07 23 45 67 89

J'organise **des informations**

- **Lis l'annonce. Pour qu'elle soit plus facile à lire, cherche les endroits où il faut passer à la ligne.**
- **Puis relis-la à haute voix et recopie-la.**

2

Vends **équipement de ski** complet (car trop petit) pour enfant de 6 ans en bon état – **75 €. Contactez-moi** au 07 78 90 12 34 le soir après 18 h.

3

Je vends une **cuisinière gaz** état neuf cause déménagement à venir chercher chez moi prix **50 euros** disponible fin octobre. Tél. 07 22 33 44 55

07 22 33 44 55

07 22 33 44 55

07 22 33 44 55

07 22 33 44 55

4

21 juin

Vendredi soir pour la Fête de la Musique

GRAND CONCERT DE JAZZ OUVERT À TOUS SUR LA PLACE DE LA MAIRIE À PARTIR DE 21 HEURES

En cas de pluie, rendez-vous **à la salle des fêtes.**

5

Samedi 14 mars, à 9 heures du matin sur le parking de l'école

les CM2 organisent un grand lavage de voitures pour financer leur classe de mer.

Pour aller plus loin

Deux annonces ont été complètement mélangées !

Récris-les correctement et présente-les de manière lisible.

Très urgent à vendre Je recherche belle Renault Clio pour ma collection année 2010 des timbres étrangers couleur gris clair climatisation et des cartes postales anciennes visible au 12 rue Jacquemin. contact 07 34 56 78 91.

Je lis **différents types de documents**

Pour commencer

- **Observe cet horaire de chemin de fer.**
- **Suis le trajet du premier train qui part de Nancy à 8 h 18 : à quelle heure arrive-t-il dans les gares suivantes ?**
- **Puis réponds aux questions.**

Ligne Nancy - Épinal - Remiremont				
Nancy	8 h 18	9 h 00	11 h 24	14 h 04
Charmes	8 h 53	9 h 36	11 h 57	14 h 40
Châtel	9 h 01	9 h 43	12 h 04	14 h 47
Épinal	9 h 16	10 h 04	12 h 29	15 h 02
Éloyes	9 h 33	10 h 20	12 h 46	15 h 18
Remiremont	9 h 40	10 h 28	12 h 54	15 h 26

– *À quelle heure les trains partent-ils de Nancy ?*

– *Si je prends le train à Épinal à 12 h 29, à quelle heure arriverai-je à Remiremont ?*

– *Si je veux arriver à 10 h 20 à Éloyes, à quelle heure dois-je prendre le train à Châtel ?*

– *Je suis monté dans un train à 14 h 47, et je suis descendu à 15 h 26. Où suis-je monté, puis descendu ?*

– *Je dois être à Épinal avant 10 h. À quelle heure dois-je prendre le train à Châtel ?*

– *J'ai rendez-vous chez le dentiste à Éloyes à 11 h 30, et j'habite à Nancy. À quelle heure dois-je prendre le train ?*

– *Je travaille à Charmes jusqu'à 13 h 30. Puis-je arriver à Remiremont avant 15 h 30 ?*

- **Invente tes propres questions et pose-les à la classe.**

Je lis **différents types de documents**

Pour s'entrainer

Observe l'horaire de cette ligne de bus, puis réponds aux questions.

Horaires des bus - ligne n°4				
Avenue du Parc	7h05	7h25	7h35	7h55
Place de la Gare	7h10	7h30	7h40	8h00
Rue de la Mairie	7h15	7h35	7h45	8h05
Rue de l'École	7h20	7h40	7h50	8h10
Place de l'Église	7h30	7h50	8h00	8h20
Rue de la Forêt	7h35	7h55	8h05	8h25
Avenue de la Paix	7h45	8h05	8h15	8h35

la ligne express

1

a. Mme Ledoux habite rue de la Mairie. Elle prend le bus à 7h45.
À quelle heure arrivera-t-elle rue de la Forêt ?

b. M. Favert doit être à la mairie un peu avant 8h00. Il habite avenue du Parc.
À quelle heure doit-il prendre le bus ?

c. Zoé a pris le bus à 7h40 ; elle est descendue à 8h15.
Où est-elle montée ? Où est-elle descendue ?

2

a. Mme Laval habite avenue du Parc. C'est la directrice de l'école. Elle est arrivée à son travail un peu après 7h40.
À quelle heure est-elle montée dans le bus ?

b. Mme Sidoux habite rue de la Mairie. Elle a rendez-vous chez le dentiste rue de la Forêt, à 8h15.
À quelle heure doit-elle prendre le bus ?

c. Gaëlle doit être à l'école pour 8h00. Elle habite place de la Gare.
À quelle heure doit-elle prendre le bus ?

Je lis **différents types de documents**

Observe la carte de l'ile de la Réunion, puis réponds aux questions.

3

a. *Quelle ville est située le plus au sud de l'ile ?*

b. *Quelle ville est située le plus au nord de l'ile ?*

c. *Quelle ville est située le plus à l'ouest de l'ile ?*

d. *Si je suis à Saint-Leu et que je vais vers le nord, quelle ville vais-je rencontrer en premier ?*

e. *Si je suis à Piton Sainte-Rose et que je vais vers le sud, quelle ville vais-je rencontrer en premier ?*

4

a. Il y a une ligne de bus qui traverse l'ile de Saint-Pierre à Saint-Benoit.
Dans quelles villes le bus va-t-il s'arrêter ?

b. M. Hoarau est à Grand Ilet. Il veut aller à Saint-Denis.
Quelle ville va-t-il traverser ?

c. M. Grondin habite à Saint-Joseph.
Par quelles villes va-t-il passer pour aller à Saint-Benoit ?
– Itinéraire n° 1 : ....
– Itinéraire n° 2 : ....

Je lis **différents types de documents**

- **Observe bien cet immeuble.**
- **Lis les indices et trouve pour chaque phrase le nom de l'enfant.**

5

a. J'habite au rez-de-chaussée, mais je ne suis pas un garçon.

b. J'ai des lunettes et je suis un garçon qui habite au premier.

c. J'habite au deuxième étage et je suis frisé.

d. Ma voisine du dessus s'appelle Zahia.

e. J'habite au dernier étage et ma voisine du dessous s'appelle Zoé.

f. J'ai des lunettes bleues, mais je n'habite pas au dernier étage.

g. J'ai des lunettes, je suis blonde et je n'habite pas au rez-de-chaussée.

6

a. Ma voisine de palier s'appelle Perrine.

b. Je suis un garçon, je porte des lunettes mais mon voisin ne s'appelle pas Lucien.

c. J'ai de longs cheveux blonds et bouclés.

d. J'ai les cheveux courts, blonds et bouclés.

e. J'habite juste au-dessus de la porte d'entrée.

f. Je suis un garçon aux cheveux noirs et frisés, mais je n'habite pas au deuxième étage.

g. Je suis une fille qui habite au deuxième étage. Mon voisin du dessus est dans la même classe que ma voisine du dessous.

Je comprends **de qui on parle dans un texte**

Pour commencer

• **Lis ce texte.**

Hier, **on** a joué à cache-cache dans le parc avec **deux copains**.
C'est **moi** qui ai collé.
J' ai cherché partout **Jordan et Florian** mais je ne **les** ai pas trouvés.
Ils s'étaient cachés dans un arbre ! Comme **ils** en avaient assez d'attendre, **ils** ont fini par crier : « **Félix**, **tu** as perdu ! » **On** est rentrés **tous les trois** à la maison et **ils** ont gouté chez **moi**.

Qui se cache derrière le mot **on** *? derrière les mots* **deux copains** *? derrière le mot* **moi** *?*

• **Trouve de qui parlent les mots dans les autres étiquettes et classe-les comme dans l'exemple ci-dessous.**

on …	**moi** …	**deux copains** …

Pour s'entrainer

sur ton cahier

n° 1 p. 31

maman et papa ils…	mon père …	… …

• **Trouve de qui on parle dans le texte.**
• **Puis classe les mots encadrés dans des colonnes en respectant les couleurs indiquées.**

1

Maman et Papa sont adorables, mais ils sont très distraits. Eh oui, mes parents sont toujours dans la lune ! Quand mon père va faire des courses, il oublie la moitié de la liste. Et quand ma mère lui dit : « Stéphane, as-tu acheté des poires ? », il répond : « Oh, zut, j' ai oublié ! »
Puis il ajoute : « Mais Carine, est-ce que tu l'avais écrit sur la liste de courses ? »
« Ah, sapristi ! j' avais oublié aussi ! » Quels étourdis !

Je comprends **de qui on parle dans un texte**

- **Trouve de qui on parle dans le texte.**
- **Puis classe les mots encadrés dans des colonnes en respectant les couleurs indiquées.**

2

Romane a deux chatons, Mistigri et Minou. Elle adore s'occuper d'eux et les regarder jouer. Quand ils dorment, ils se serrent l'un contre l'autre dans leur panier. Mistigri est le plus coquin des deux, mais son frère est le plus gourmand ! Chaque soir, quand elle rentre de l'école, ils apparaissent aussitôt et viennent se frotter contre les jambes de leur petite maitresse. Elle les prend alors dans ses bras et leur fait un gros câlin.

3

À la naissance, les bébés loups sont aveugles, sourds et fragiles, mais les loups sont de bons parents qui s'occupent très bien de leurs louveteaux. Ils les nourrissent et les protègent pendant de longs mois.

La louve reste toujours avec ses petits. C'est elle qui les surveille et les nettoie à coups de langue pendant que leur père part chercher de la nourriture. La mère allaite ses petits pendant deux mois, puis ceux-ci commencent à manger de la viande. Très vite, ils sortent du repaire pour aller jouer sous l'œil attentif de leurs parents.

4

Les hirondelles installent leur nid au plafond des étables ou des écuries. Il est construit par les deux parents avec des brindilles et de la boue. Quand ils ont fini de garnir le nid de plumes et de duvet, la femelle pond entre trois et six œufs. Deux semaines plus tard, c'est la naissance des oisillons. Le père et la mère les nourrissent avec des insectes qu'ils attrapent en vol. Ils font plusieurs centaines de voyages par jour pour alimenter les petits affamés ! Les jeunes restent au nid une vingtaine de jours, puis les adultes cessent de les nourrir afin de les pousser à sortir du nid et à apprendre à voler.

5

Les lions vivent en Afrique. Le mâle adulte, que l'on reconnait à sa crinière, pèse plus de 200 kg, et la femelle environ 150 kg. C'est la lionne qui va chasser pendant que le lion se repose. Elle donne naissance à des lionceaux aveugles qui pèsent environ 1,5 kg. Durant six à huit semaines, ils ne boivent que le lait de leur mère. Parfois, la lionne est obligée de laisser les bébés lions seuls pour aller chasser. Ils sont alors en danger, car les hyènes peuvent les attaquer. Vers l'âge de six mois, les jeunes sont sevrés : cela veut dire qu'ils ne tètent plus leur mère et se nourrissent seulement de viande.

6

Il y avait une bonne vieille qui, tous les matins, appelait ses servantes à l'heure où le coq chantait. Les domestiques, qui n'aimaient pas à être si matinales, décidèrent de tuer le coq chantant. « Ainsi, se dirent-elles, s'il ne réveille pas notre maitresse, elle ne nous réveillera pas non plus. » Mais une fois le réveille-matin disparu, la maitresse, qui n'avait plus de repère, les fit lever à minuit. Au lieu de s'en trouver mieux, elles n'en furent que plus mal !

D'après Ésope.

Pour aller plus loin

Certains mots sont à utiliser deux fois.

Complète ce texte avec les mots proposés ci-dessous.

Le ______ est un ______. Natif de l'Asie, c'est le ______.
______ se nourrit de viande, c'est un ______ qui pratique la chasse.
Ce ______ a besoin de près de 10 kg de viande par jour.
Après 3 mois environ, la ______ met au monde deux à quatre ______.
Le ______ n'éduque pas les ______, c'est la ______ qui les élève seule.
______ ______ apporte de petites proies. Au bout de six mois,
______ peut ______ laisser seuls dans la tanière pendant
qu'______ chasse. Les ______ restent 2 à 3 ans avec leur ______.

Pour t'aider

tigre	tigresse	bébés tigres
animal carnivore	femelle	jeunes
mâle	mère	petits
mammifère carnivore	elle	les
plus grand des félins		leur
prédateur		
il		

Je fais attention **à la logique des phrases** (2)

Pour commencer

• Observe cette activité réalisée par des élèves.

Au moment où j'allais enfin gagner la partie, le maitre a frappé dans ses mains.
a. Je ~~mets~~ mes billes dans ma poche et je ~~cours~~ me ranger.
b. J'ai mis mes billes dans ma poche et j'ai couru me ranger.
c. Sylvain me ~~demande~~ : « Tu joueras encore avec moi, demain, à la récré ? »

– Phrase a : Ça ne va pas, les verbes sont au présent, alors que le début de l'histoire est raconté au passé.
– Phrase b : Ça va, c'est au passé.
– Phrase c : Ça ne va pas, il faudrait écrire : Sylvain m'a demandé.

– Peux-tu expliquer ce qu'il fallait faire ? Quelle était la consigne ?

– Es-tu d'accord avec les réponses données ?

• Fais le même travail avec cette activité.

En arrivant à l'école, Lucile s'aperçut qu'elle avait oublié son sac.
a. ~~Il~~ repartit à toute allure en direction de la maison.
b. ~~Elle sortit ses affaires~~ et se mit au travail.
c. Elle demanda à sa voisine de lui prêter un crayon.

– Phrase a : Ça ne va pas, ça ne peut pas être « il » puisque c'est Lucile.
– Phrase b : Elle ne peut pas sortir ses affaires puisqu'elle a oublié son sac !
– Phrase c : Ça va, c'est logique.

Pour s'entrainer

Trouve la suite qui convient après chaque petit texte et écris la lettre correspondante.

Prépare-toi à expliquer à l'oral ce qui ne va pas dans les autres suites.

1

• Texte A

Papa se remet en marche en disant : « À la tombée de la nuit, nous planterons notre tente près d'un ruisseau et nous allumerons un feu. »

a. À ce moment-là, maman souffla sur les braises et alla chercher du bois mort.
b. Quelle aventure ! C'est la première fois que je dormirai en pleine nature.
c. Quand l'orage a éclaté, j'ai senti des gouttes d'eau tomber sur ma tête.

• Texte B

Chaque matin, le facteur arrive sur son vélo en sifflotant. Il a toujours un petit mot gentil pour les gens qu'il rencontre. Mais aujourd'hui, il n'est pas comme d'habitude...

a. « Bonjour, Mme Hali ! Oh, comme vous êtes jolie, vous êtes allée chez le coiffeur ! »
b. Il appuya son vélo contre la grille et soupira tristement.
c. Il a l'air très pressé et ne dit même pas bonjour aux habitants du quartier.

2

• Texte A

Nina a horreur de ça. Il y en a presque tous les mardis, servis avec des œufs durs. C'est bien simple, on dirait de l'herbe cuite !

a. Ce soir, c'est décidé, elle demandera à ses parents de ne plus manger à la cantine.
b. Elle gouta les épinards et ne trouva pas ça si mauvais, finalement !
c. Pour faire plaisir à sa grand-mère, il en mange une toute petite cuillère.

• Texte B

Quand Arthur descendit à la cave, il entendit un bruit inquiétant.

a. Ils s'arrêtèrent en bas des marches et tendirent l'oreille.
b. Il s'arrête en bas des marches et tend l'oreille.
c. Il s'arrêta en bas des marches et tendit l'oreille.

Je fais attention **à la logique des phrases** (2)

Trouve la suite qui convient après chaque petit texte et écris la lettre correspondante.

3

• Texte A

Aussitôt la nuit tombée, la souris sort de son trou.

a. Le museau en l'air, regardant à droite et à gauche, elle part à la recherche de nourriture.

b. Le museau en l'air, regardant à droite et à gauche, elles partent à la recherche de nourriture.

c. Regardant à droite et à gauche, elle se met en route dès le lever du soleil.

• Texte B

« Voleur !

– Menteuses ! »

a. « Ouh là là ! pensa Maman, Adèle et son frère se chamaillent dans leur chambre, je vais les calmer ! »

b. Félix en a vraiment assez de ses sœurs jumelles qui l'accusent sans preuve.

c. « Madame la commissaire, vous vous trompez, l'argent a disparu mais je n'y suis pour rien ! »

4

• Texte A

Des papillons de toutes les couleurs voltigent dans le grand pré.

a. Bien caché dans les herbes, le chasseur ajuste son fusil et vise le plus gros.

b. M. Grégoire ajuste son nœud papillon et met sa veste.

c. Je sors mon appareil photo.

Texte B

Tout était étrangement calme au fond de la sinistre chaumière. Un chat noir aux yeux verts regardait fixement dans la direction du feu qui brulait dans la cheminée.
La fée Carabosse s'approcha du chaudron.

a. Je remis du sel dans ma soupe.

b. Elle y jeta un peu de bave de crapaud.

c. Elles prononcèrent une formule magique.

5

• Texte A

Ce matin, juste avant la récréation, quelqu'un a frappé à la porte de la classe. La porte s'est ouverte, nous nous sommes levés et monsieur le directeur est entré en disant : « Mes chers enfants, je vous demande d'accueillir Kela, votre nouveau camarade. »

a. Elles ne parlent pas un seul mot de français.
b. Le maitre lui a dit de s'assoir à côté de moi.
c. Je crois qu'elle vient de Roumanie.

• Texte B

La tasse lui glissa des doigts et se brisa en tombant sur le carrelage.

a. Il se servit une tasse de thé.
b. M. Dufour sortit la pelle et le râteau.
c. « Comme je suis maladroit ! » s'écria M. Dufour.

6

• Texte A

Pour la pâte à crêpes, mélangez d'abord la farine, le sucre et le sel.

a. Casser ensuite les œufs, puis verser le lait.
b. Cassez ensuite les œufs, puis versez le lait.
c. Ensuite, Martin cassa les œufs puis versa le lait.

• Texte B

Bercé par le cahot des rails, Ludovic s'était endormi sur son siège : il rêvait qu'il était un cowboy, galopant sur son cheval...

a. Les Indiens le réveillèrent, et le firent prisonnier.
b. « Monsieur, réveillez-vous, le film est terminé, il faut sortir du cinéma ! »
c. Le contrôleur le secoua doucement : « Monsieur, nous sommes arrivés, il faut sortir du train ! »

Pour aller plus loin

• Lis ces phrases : elles ont toutes un problème de logique !

• Modifie-les pour qu'elles retrouvent un sens logique.

a. À chaque promenade en forêt, mon petit chien court comme un fou, renifle les traces des renards et se cacha derrière les buissons.
b. Quand Johan s'aperçut qu'il n'y avait plus de pain, il s'en coupa une tranche et sauça son assiette.
c. Quand le réveil sonna, Ali descendit les escaliers et s'enfonça un peu plus sous sa couette.

J'explore **des familles de mots** (1)

Pour commencer

Voici deux familles de mots mélangées.

- **Associe chaque définition à un mot.**

1. chevaucher **v.**
2. cheveu **n.m.**
3. cavalier **n.m.**, cavalière **n.f.**
4. chevelu **adj.**
5. cavalcade **n.f.**
6. chevelure **n.f.**
7. cheval **n.m.**
8. échevelé **adj.**

a. Défilé de cavaliers.
b. Se déplacer à cheval.
c. Personne qui monte à cheval.
d. Ensemble des cheveux d'une personne.
e. Qui a beaucoup de cheveux.
f. Qui a les cheveux en désordre.

As-tu trouvé les deux mots qui n'ont pas de définition ?

- **Trace un tableau comme celui-ci sur ton cahier et classe les mots dans les deux familles trouvées.**

- **Complète ces phrases avec des mots de ces deux familles.**

– Le ______ galope sur son ______.
– Sa belle ______ rousse tombait sur ses épaules.
– J'ai vu une magnifique ______ pendant le défilé de carnaval.

Pour s'entrainer

sur ton cahier

n° 1 p. 39

Famille de « ferme »	Famille de « fermer »
fermier g.	

Deux familles de mots sont mélangées.

- **Trouve le chef de famille et classe les mots dans les deux colonnes d'un tableau.**
- **Puis écris après chaque mot la lettre qui correspond à sa définition.**

1

fermier **n.m.**, fermière **n.f.**
fermeture **n.f.**
ferme **n.f.**
fermer **v.**
fermé **adj.**
fermette **n.f.**
enfermer **v.**

a. Qui n'est pas ouvert.
b. Petite ferme.
c. Maison du fermier et de la fermière.
d. Mettre quelqu'un dans un endroit dont on ne peut pas sortir.
e. Contraire d'ouvrir.
f. Mécanisme pour fermer une porte, un vêtement, etc.
g. Personne qui cultive la terre.

2

courir **v.**
raccourci **n.m.**
court, courte **adj.**
course **n.f.**
courant **n.m.**
coureur **n.m.**, coureuse **n.f.**
raccourcir **v.**

a. Se déplacer très vite, à pied.
b. Rendre plus court.
c. Petit, pas très long.
d. Sportif, sportive qui court.
e. Chemin qui est plus court qu'un autre.
f. Épreuve sportive où l'on court.
g. Déplacement de l'eau dans une rivière, un fleuve, etc.

3

explorer **v.**
explosif **n.m.**
inexploré **adj.**
explorateur **n.m.**, exploratrice **n.f.**
explosion **n.f.**
exploration **n.f.**
exploser **v.**

a. Qui n'a pas encore été exploré.
b. Éclater.
c. Poudre, dynamite.
d. Éclatement.
e. Découvrir un endroit inconnu.
f. Personne qui découvre un endroit inconnu.
g. Voyage pour explorer.

J'explore
des familles de mots (1)

Deux familles de mots sont mélangées.

- **Trouve le chef de famille et classe les mots dans les deux colonnes d'un tableau.**
- **Puis écris après chaque mot la lettre qui correspond à sa définition.**

4

saleté **n.f.**
salir **v.**
saler **v.**
salement **adv.**
salière **n.f.**
sel **n.m.**
sale **adj.**
salissant **adj.**

a. Ajouter du sel à de la nourriture.
b. Malpropre, taché.
c. D'une manière sale.
d. Petit objet pour servir le sel.
e. Rendre sale, tacher.
f. Tache, salissure.
g. Qui se salit facilement.
h. Poudre blanche qui sert à saler la nourriture.

5

marche **n.f.**
marchander **v.**
marchandise **n.f.**
marchand **n.m.**, marchande **n.f.**
marcher **v.**
marcheur **n.m.**, marcheuse **n.f.**
marché **n.m.**

a. Objet qui est à vendre dans un magasin.
b. Longue balade à pied.
c. Endroit (souvent en plein air) où l'on fait des courses.
d. Se déplacer à pied.
e. Commerçant, commerçante.
f. Personne qui marche.
g. Discuter avec un vendeur pour faire baisser le prix de quelque chose.

6

roue **n.f.**
rouleau **n.m.**
autoroute **n.f.**
routier **n.m.**, routière **n.f.**
rouler **v.**
route **n.f.**
roulette **n.f.**
roulotte **n.f.**
roulade **n.f.**

a. Galipette.
b. Petite roue.
c. Objet qui sert à étaler la pâte à tarte.
d. Se déplacer en voiture, en vélo...
e. Véhicule aménagé comme une petite maison
f. Voie de circulation.
g. Route très large où l'on peut rouler vite.
h. Partie ronde d'une voiture ou d'un vélo, qui roule.

7

poisson **n.m.** empoisonner **v.** poissonnerie **n.f.** poison **n.m.** empoisonneur **n.m.**, empoisonneuse **n.f.** poissonnier **n.m.**, poissonnière **n.f.** poissonneux **adj.**	**a.** Personne qui vend du poisson. **b.** Produit dangereux qui peut faire mourir. **c.** Où il y a beaucoup de poissons. **d.** Essayer de tuer avec du poison. **e.** Magasin où l'on vend du poisson. **f.** Animal à écailles qui vit dans l'eau. **g.** Personne qui essaie d'empoisonner quelqu'un.

Pour aller plus loin

• **Lis ce texte.**

En attendant la livraison de ma nouvelle machine à laver, j'écoute mon disque préféré. J'essaie de lire les paroles sur le livret du CD, mais c'est écrit tellement petit que c'est presque illisible ! Une fois que le livreur sera passé, j'irai dans une librairie : je cherche un livre de contes et légendes. Comme la librairie est loin de chez moi, je n'aurai pas le temps de me faire à manger : pas grave, je me ferai livrer une pizza !

• **Cherche dans ce texte les mots de la famille de livraison et de livret.**

• **Complète ces définitions de dictionnaire en ajoutant les mots manquants et leur catégorie grammaticale (n.m., n.f., adj., v.).**

Attention, les mots de ces deux familles se ressemblent beaucoup !

	Apporter un colis chez quelqu'un.
	Personne qui fait des livraisons.
	Action de livrer un paquet, un colis.

	Objet composé d'une couverture et de pages.
	Magasin où l'on vend des livres.
	Impossible à lire.
	Petit livre.
	Déchiffrer et comprendre un texte.

Je fais attention **aux lettres muettes**

Pour commencer

- **Lis ces définitions.**

- **respecter** v. : traiter quelqu'un ou quelque chose avec resp.......... .
- **lézarder** v. : se reposer au soleil comme un ....
- **guichetier** n.m., **guichetière** n.f. : employé(e) de la banque ou de la poste, qui travaille au ....
- **discrétion** n.f. : attitude de quelqu'un qui ne veut pas se faire remarquer, qui est ....
- **suspecter** v. : soupçonner, penser que quelqu'un est ....
- **débattre** v. : discuter d'une question, participer à un ....
- **marchandise** n.f. : objet vendu par un ....
- **diamantaire** n.m. ou f. : personne qui taille ou vend des ....

- **Trouve et écris le mot qui manque à la fin de chaque définition.**
- **Entoure dans ces mots les lettres finales que l'on n'entend pas.**

Comment peux-tu trouver les lettres muettes à la fin de ces mots ?

Pour s'entrainer

- **Lis ces phrases et trouve les mots manquants à l'aide des mots en bleu.**
- **Écris les phrases en faisant attention aux lettres muettes dans les mots à trouver.**
- **Souligne ces lettres.**

sur ton cahier

n° 1 p. 42
Les élèves forment un rang.

1

- Les élèves forment un ______ . Ils se rangent devant la classe.
- Je suis arrivé en ______ : un bouchon m'a retardé.
- Il fait plus ______ aujourd'hui. Le temps s'est refroidi.
- Le ______ s'occupe de ses petits : il apporte de la nourriture aux renardeaux.
- Mon pantalon n'est plus assez ______ pour moi : j'ai grandi.

2

- Il fait bien ______ à la maison, la chaudière est réparée.
- Cet homme avait un drôle de ______ .
  Il m'a regardé bizarrement.
- La biche a fait un ______ : elle a bondi dans les buissons.
- Je suis très ______ . La gourmandise est mon grand défaut !
- Paul est vraiment très ______ . « Arrête de bavarder tout le temps ! » dit le maitre.

3

- Ce gâteau a très bon ______ . Tu veux le gouter ?
- Les ______ sèchent au soleil. On dirait des drapeaux qui volent au vent.
- Dans l'usine, un ______ fait tout le travail :
  elle est robotisée.
- Le spectacle était ______ . Tout s'est déroulé parfaitement.
- Les judokas ont fait un beau ______ . Ils ont bien combattu.

4

- Papa est ______ , tout comme moi qui suis blonde.
- L'escargot est très ______ . Il se déplace avec lenteur.
- Ne te mets pas en ______ ! Ne fais rien de dangereux !
- Je sais l'______ par cœur. Je connais l'ordre alphabétique.
- Nous avons manqué le ______ du film.
  La séance vient de débuter.

5

- Le ______ ouvre son magasin. Il a installé toutes ses marchandises.
- Dans une chocolaterie, on fabrique du ______ .
- Noé n'est pas rentré, Papa est ______ : je m'inquiète pour lui.
- Quand le chat fait le dos ______ , il arrondit son dos.
- Pour couper le ______ de cet arbre, il faut une tronçonneuse.

Je fais attention **aux lettres muettes**

- **Lis ces phrases et trouve les mots manquants à l'aide des mots en bleu.**
- **Écris les phrases en faisant attention aux lettres muettes dans les mots à trouver.**
- **Souligne ces lettres.**

6

- J'adore le ______ en hauteur. Un jour, j'ai sauté très haut sur un trampoline.
- Ces bagages sont très ______ . L'auto est lourdement chargée.
- Le lac est ______ . On peut plonger à 25 m de profondeur.
- Cette orange a la couleur du ______ . C'est une orange sanguine.
- Hier, j'ai vu un cheval au ______ . Il galopait très vite.

7

- Mon chien a toujours faim, il est ______ ! Sa gourmandise lui jouera des tours !
- Mamie prend un peu de ______ . Elle a besoin de se reposer.
- J'ai une ______ cariée, vite, un rendez-vous chez le dentiste !
- Avec le ______ , on peut fabriquer toutes sortes de fromages et de laitages.
- Max s'intéresse beaucoup à l'______ . Il veut devenir artiste.

Pour aller plus loin

- **Trouve les mots manquants en t'aidant des dessins.**
- **Puis écris les phrases complétées.**

– Mon petit frère est tout ______ : ses cheveux ont ______ au soleil.

– Avec du ______ , on fabrique le fromage : le fromage est un produit ______ .

– Mon pneu avant est à ______ : il est tout a______ .

– Maman attend un bébé, son ventre est tout ______ : il s'est ar______ .

– Ce masque est très ______ : il t'en______ !

Je maitrise
l'ordre alphabétique (1)

Pour commencer

• **Observe ces dessins.**

A B C D E F G H I J K L M N O P Q R S T U V W X Y Z

Ces animaux ont essayé de se ranger dans l'ordre alphabétique, mais ils ont fait quelques erreurs !

• **Écris le nom de ceux qui sont mal placés.**

Le cochon, la guêpe, la vache, l'âne, et le poulain veulent se ranger avec les autres animaux.

• **Aide-les à trouver leur place ! Récris correctement la liste de tous les animaux en ajoutant leur nom au bon endroit.**

Je maitrise **l'ordre alphabétique (1)**

sur ton cahier

n° 1 p. 46
abricot

clémentine

Pour s'entrainer

- **Range les mots de la première colonne dans l'ordre alphabétique, en écrivant une ligne sur deux.**
- **Écris ensuite les mots de l'encadré de droite à la bonne place, sur les lignes libres.**

1

clémentine
pomme
kiwi
framboise
raisin
abricot
datte

ananas
cerise
figue
pêche

2

Léa
Camille
Océane
Solène
Aïcha
Zoé
Julie

Célia
Lisa
Sarah
Zineb

3

chou
haricot
pomme de terre
brocoli
aubergine
poireau
épinards

carotte
concombre
laitue
radis

4

écharpe
pull
bonnet
chemise
robe
manteau
jupe

chaussures
gants
pantalon
pyjama

5

regarder
comprendre
voir
essayer
jouer
lire
arriver

attendre
jeter
mettre
vivre

6

tambour
violon
flute
piano
harpe
cor
batterie

clarinette
cymbale
saxophone
trompette

Pour aller plus loin

Range ces mots dans l'ordre alphabétique.

ⓐ château – chatouiller – chaton – chauve – charbon – chaudement – chapeau – champignon – chameau – chanter

ⓑ transparent – traverser – transpirer – transporter – tranquillement – tranche – transformer – travailler – tracteur – transpercer

Je classe
les mots en catégories

Les suffixes

Pour commencer

chèvrerie | tuilerie | biscuiterie | chocolaterie | bergerie | porcherie

- **Organise les étiquettes dans les deux colonnes de ce tableau.**

Endroits où	Endroits où ....

- **Explique ton classement, comme dans ces exemples :**
  – « Une tuilerie, c'est un endroit où... »
  – « Une chèvrerie, c'est un endroit où... »
- **Maintenant, complète le titre de chaque colonne du tableau.**

Pour s'entrainer

Deux catégories de mots sont mélangées.

Classe-les correctement et donne leur définition à l'oral, en t'aidant des bulles.

1

cerisier | saladier | cendrier | poirier | sucrier | pommier

Récipients (Un sucrier, c'est pour mettre...)	Arbres fruitiers (Un cerisier, ça donne des...)

2

danseur | aspirateur | congélateur | inspecteur | chanteur | ventilateur

Métiers (Un danseur, c'est quelqu'un qui...)	Objets (Un ventilateur, c'est un objet qui...)

Je classe les mots en catégories

Les suffixes

Deux catégories de mots sont mélangées.

Classe-les correctement et donne leur définition à l'oral, en t'aidant des bulles.

3

bonté — méchanceté — honnêteté — grossièreté — férocité — propreté

Défauts (La méchanceté, c'est quand on…)	Qualités (La bonté, c'est quand on…)

4

politesse — gentillesse — duchesse — délicatesse — comtesse — princesse

Qualités (La politesse, c'est quand on est…)	Personnages féminins (La duchesse, c'est la femme du…)

5

feuillage — bavardage — plumage — coloriage — jardinage — outillage

Actions (Le bavardage, c'est l'action de…)	Groupes, ensembles (Le plumage, c'est l'ensemble des…)

Pour aller plus loin

Tous ces mots se terminent par « -euse ».

Classe-les dans les deux colonnes d'un tableau, puis explique ton classement.

pelleteuse	coiffeuse	marcheuse	chasseuse	moissonneuse
perceuse	tondeuse	vendeuse	agrafeuse	mitrailleuse

Je comprends
les différents sens d'un mot

Pour commencer

• **Lis cet article de dictionnaire pour le verbe tomber.**

tomber v.
1. Perdre l'équilibre, faire une chute.
2. Se détacher, se décrocher, lâcher.
3. Ne plus avoir la force de tenir debout.
4. (*Suivi d'un adjectif*) Devenir soudain : tomber amoureux.
5. *Fig.* Laisser tomber : arrêter, abandonner.
6. *Fig.* Rencontrer par hasard : tomber sur quelqu'un.
7. *Fig.* Arriver, commencer. *La nuit tombe.*

• **Maintenant, lis ces phrases et écris pour chacune le numéro qui correspond à la définition du verbe tomber.**

a. Je suis tombée sur le poignet et je me suis fait une entorse. ◯
b. Pendant la récréation, j'ai trébuché et je suis tombé sur Meriem. ◯
c. J'ai laissé tomber la guitare : maintenant, je joue du piano. ◯
d. J'ai laissé tomber ma guitare et maintenant elle est cassée ! ◯
e. En allant en ville, je suis tombé sur Meriem. ◯
f. Il est tombé malade la semaine dernière. ◯
g. Il faudrait coucher la petite Lilou, elle tombe de sommeil ! ◯

Pour s'entrainer

sur ton cahier
n° 1 p. 49
doux, douce, adj.
phrase a : sens 1

• **Recopie les définitions des mots (sur fond jaune).**
• **Écris pour chaque phrase le numéro qui correspond à la bonne définition.**

1

doux, douce adj.
1. Lisse, agréable à toucher.
2. Gentil, qui n'est pas agressif.
3. Qui produit un son agréable à entendre, pas trop fort.

a. Tu as les cheveux doux comme ceux d'un bébé.
b. J'aime la voix douce de ma maitresse.
c. N'aie pas peur de mon chien, il est doux comme un agneau.
d. Ton pull est tout doux.
e. La flute est plus douce que la trompette.

Je comprends
les différents sens d'un mot

- **Recopie les définitions des mots (sur fond jaune).**
- **Écris pour chaque phrase le numéro qui correspond à la bonne définition.**

2

glace n.f.
1. Eau gelée.
2. Crème glacée, sucrée et parfumée.
3. Miroir.

a. Je me suis coiffé devant la glace.
b. J'ai pris une glace à la vanille.
c. L'étang est recouvert d'une épaisse couche de glace.
d. J'aime bien patiner sur la glace.
e. J'ai nettoyé la glace de l'entrée, elle était pleine de traces de doigts.

3

clé n.f.
1. Objet qui permet d'ouvrir une serrure.
2. Outil pour serrer ou desserrer les écrous.
3. *Fig.* solution.

a. Les policiers cherchent la clé du mystère.
b. J'ai perdu mes clés.
c. Peux-tu me passer la clé à molette, s'il te plait ?
d. Le garage n'est pas fermé à clé.
e. C'est Valentine qui a trouvé la clé de cette énigme.
f. J'ai fait faire un double de mes clés.

4

règle n.f.
1. Instrument pour tracer des traits droits.
2. Règle du jeu : ensemble des instructions qu'il faut suivre pour jouer.
3. Loi, habitude que tout le monde doit respecter.

a. Ma règle est tombée par terre en faisant un grand bruit.
b. Tu peux m'expliquer les règles du basket ?
c. Il faut que tu apprennes les règles de politesse.
d. Si ta règle est tordue, ton trait ne sera pas droit !
e. Au cinéma, quand on achète son billet, il faut faire la queue : c'est la règle !
f. Je voudrais jouer aux échecs, mais je ne connais pas la règle !

5

marquer v.
1. Écrire, inscrire.
2. Indiquer (l'heure).
3. Mettre un but.
4. Impressionner.

a. J'ai vu ce film quand j'étais petit, mais il m'a marqué pour toujours.
b. Camille a marqué deux fois pendant le match.
c. J'ai marqué ton nom sur tes affaires d'école.
d. L'horloge marquait presque minuit quand nous sommes arrivés.
e. La grande aiguille marque les minutes.
f. « Combien coute ce livre ?
– Regarde, c'est marqué là ! »

6

pousser v.
1. Grandir, pour les plantes.
2. Presser, appuyer, faire avancer (*contraire : tirer*).
3. Bousculer.
4. Faire entendre un cri.
5. *Fig.* encourager, inciter.

a. Léna m'a poussé dans la cour et m'a fait tomber.
b. C'est mon cousin qui m'a poussée à faire du judo.
c. Soudain, il poussa un cri perçant.
d. Les haricots qu'on a plantés ont bien poussé au mois de juillet.
e. Pour entrer, poussez fort sur la porte.
f. Mes grands frères ont poussé notre voiture pour la faire démarrer.

7

mousse n.f.
1. Plante qui pousse dans les bois.
2. Petites bulles qui se forment sur un liquide.
3. Dessert aux fruits ou au chocolat.

a. En versant la bière, le serveur a fait déborder la mousse du verre.
b. En forêt, marcher sur de la mousse est très agréable.
c. De la mousse a poussé sur les arbres.
d. Est-ce que tu as la recette de la mousse aux framboises ?
e. Dans le bain, Déborah joue avec la mousse.
f. J'adore la mousse au chocolat.

Je comprends **les différents sens d'un mot**

- **Recopie les définitions des mots (sur fond jaune).**
- **Écris pour chaque phrase le numéro qui correspond à la bonne définition.**

8

note n.f.
1. Court message écrit.
2. Nom qui est donné aux sons en musique.
3. Évaluation (par exemple sur 10 ou sur 20), donnée par un professeur.

a. Maman a laissé une note sur la table avant de partir au travail.
b. Ce matin, j'ai eu une très bonne note en maths.
c. Attention aux fausses notes quand on joue du violon !
d. J'ai peur d'avoir une mauvaise note en musique.
e. J'ai peur de jouer une fausse note pendant le concert.
f. Les parents de Nicolas ont écrit une note au maitre pour dire qu'il serait absent.

Pour aller plus loin

- **Observe ces dessins qui vont deux par deux et nomme-les.**
- **Cherche les deux définitions qui correspondent dans le dictionnaire et recopie-les.**
- **Écris une phrase avec chacun.**

1 

2 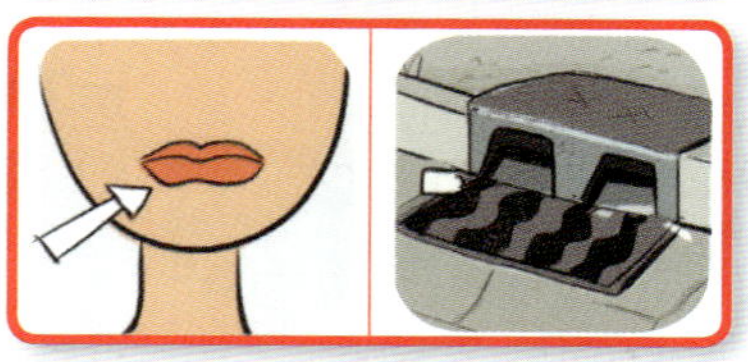

3 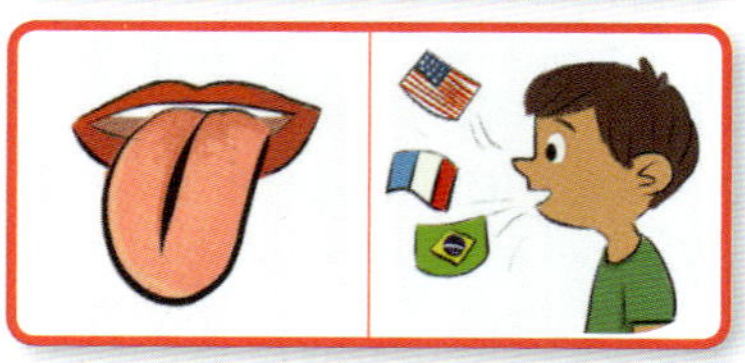

4 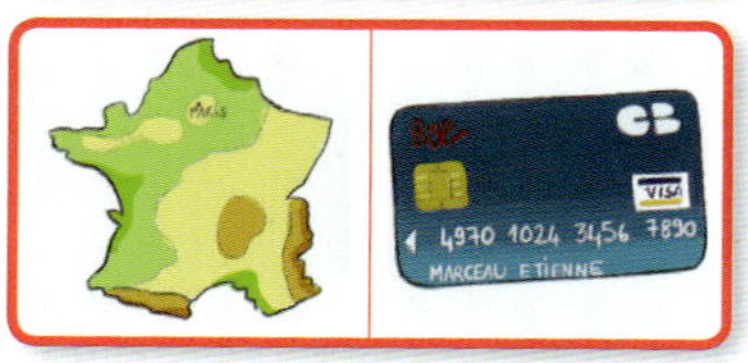

5 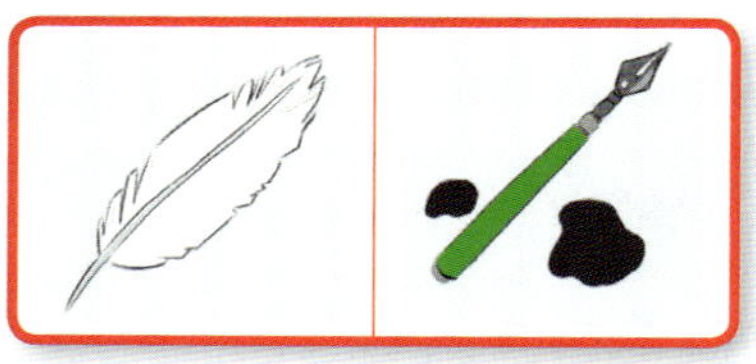

6 

7 

8 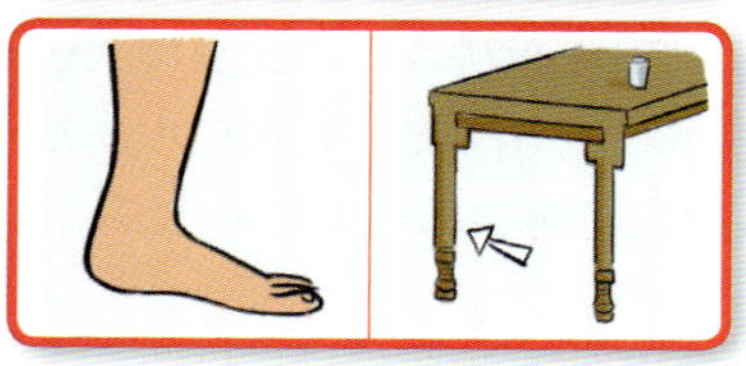

J'explore
des familles de mots (2)

Les préfixes

Pour commencer

• **Lis ces phrases.**

a. La marmotte attend patiemment la fin de l'hiver.

f. J'attends impatiemment que Noël arrive !

b. Je l'ai empêché de manger un bonbon.

g. L'air qu'on respire est invisible.

c. La fumée des usines est bien visible dans le ciel.

h. Avant de déménager, il faut démonter tous les meubles.

d. 68 est un nombre pair.

i. La nuit tombe, il faut se dépêcher de rentrer.

e. Maman a sorti les outils pour monter l'armoire qu'on a achetée.

j. 45 est un nombre impair.

• **Trouve les phrases qui contiennent des mots de sens contraire et continue le travail commencé par une élève.**

a. La marmotte attend *patiemment* la fin de l'hiver.

f. J'attends *impatiemment* que Noël arrive !

Attention, il y a un couple de faux contraires ! As-tu trouvé lequel ?

Pour s'entrainer

sur ton cahier
n° 1 p. 53
... je l'ai déballé.

• **Complète chaque phrase avec un ou plusieurs mots de la même famille que le mot en violet.**

• **Attention, il peut y avoir des fausses familles ! Dans ce cas, précise-le sur ton cahier en écrivant : fausse famille.**

1

• Maman avait **emballé** le cadeau, et moi je l'ai ______ .
• En faisant des courses, il faut **penser** à ne pas trop ______ .
• Un taille-crayon, c'est très **utile**, mais un taille-stylo... c'est complètement ______ !
• J'avais **accroché** un beau poster au mur, mais il s'est ______ . Il faudra que je le ______ .

J'explore **des familles de mots** (2)

Les préfixes

- **Complète chaque phrase avec un ou plusieurs mots de la même famille que le mot en violet.**
- **Attention, il peut y avoir des fausses familles ! Dans ce cas, précise-le sur ton cahier en écrivant : fausse famille.**

2

- Il y a des enfants **prudents** et d'autres qui sont ______ .
- Les poules savent **pondre** des œufs, mais elles ne savent pas ______ aux questions !
- J'avais **commencé** à écrire un poème mais j'ai perdu mon cahier, il faut que je ______ .
- J'ai **gonflé** le ballon mais il s'est ______ . Il faut que je le ______ .

3

- J'avais **branché** l'ordinateur, mais quelqu'un l'a ______ . Il faut que je le ______ .
- Quand je **mange** des fraises, j'ai de l'urticaire, ça me ______ !
- J'avais **chargé** mon téléphone portable, mais il s'est ______ . Je dois le ______ .
- La musique, c'est très **agréable**, mais le bruit, c'est ______ .

4

- J'avais **noué** mon lacet, mais il s'est ______ .
- J'ai **fendu** une buche de bois avec une grande hache, et pourtant papa me l'avait ______ .
- Le guidon de mon vélo était **bloqué** : le garagiste l'a ______ .
- Il y a des enfants qui **obéissent** et il y a des enfants qui ______ .

5

- Il y a des films qu'on aime **voir** et ______ plusieurs fois.
- J'avais **collé** ce dessin, mais il s'est ______ .
- Le chien s'est **détaché** et il a ______ ma robe !
- Un verre d'eau s'est renversé sur mon cahier : je ne peux plus l'**utiliser**, il est ______ .

6

- Que tu saches nager, c'est **possible**, mais que tu saches voler…
  C'est ………… !
- Il y a des gens qui **pêchent** et d'autres qui se ………… .
- On a acheté trop de pain : on va **congeler** une baguette et on pourra la ………… un autre jour.
- J'avais **vissé** le meuble, mais il s'est ………… .
  Il faudra que je le ………… .

Pour aller plus loin

- **Complète ces tableaux avec des mots de sens contraire. Écris le préfixe en haut du tableau.**
- **Attention, dans chaque tableau, il y a un intrus qui n'a pas de contraire ! Mets une croix dans sa case.**

Dans chaque tableau, il faut utiliser le même préfixe.

	Préfixe :
adroit	
	malheureux
poli	
	malicieux
habile	
	malpropre

	Préfixe :
ordre	
	désaccord
équilibre	
	désertique
agréable	
	désavantage

	Préfixe :
	immobile
parfait	
	imaginaire
prévu	
	imbuvable
puissant	

	Préfixe :
habité	
	inoccupé
visible	
	inquiétant
égal	
	inexplicable

J'utilise **des verbes de sens contraire**

Pour commencer

Lis et trouve les verbes de sens contraire, puis repère leurs terminaisons.

a. L'avion a décollé de Paris et il a atterri à Londres une heure plus tard.
L'avion va décoller de Paris et atterrir à Londres dans une heure.

b. J'ai rempli mon verre et je l'ai vidé aussitôt.
Je vais remplir mon verre et le vider aussitôt !

Comprends-tu les différences de terminaison ?

Pour s'entrainer

- **Trouve les paires de verbes contraires dans l'encadré beige, en regardant bien si les verbes sont à l'infinitif ou au participe passé.**
- **Puis complète les phrases avec la bonne paire.**

1

gagné – reparti – perdre – arrivé – perdu – gagner – repartir – arriver

ⓐ
- On a joué aux cartes : c'est moi qui ai ____ , et mon frère a ____ .
- J'ai horreur de ____ , je préfère ____ .

ⓑ
- Le train est ____ à sept heures et il est ____ dix minutes plus tard.
- Je suis toujours pressé d' ____ chez Mamie, mais jamais pressé de ____ !

2

envoyer – recevoir – envoyé – reçu – réussir – rater – raté – réussi

ⓐ
- Je t'ai ____ un colis, est-ce que tu l'as ____ ?
- Je vais t' ____ un colis, tu vas bientôt le ____ .

ⓑ
- J'ai ____ mon gâteau, mais j'ai ____ ma tarte !
- J'essaie de ____ ce tour de magie, mais j'ai peur de le ____ !

3

pleuré / pleurer / rire / vendre / ri / vendu / acheter / acheté

ⓐ • J'ai vu un film qui était triste et drôle à la fois : j'ai ____ et j'ai ____.

• J'adore ____, je n'aime pas ____.

ⓑ • Au vide-grenier, Paul a ____ un vieux fauteuil et ____ une table basse.

• Je dois ____ mon vieux vélo avant d'en ____ un neuf.

4

nettoyé / remplir / sali / vider / vidé / salir / rempli / nettoyer

ⓐ • J'ai ____ le tapis que Médor avait ____.

• Le malpoli qui va ____ le sol devra le ____ !

ⓑ • Maman a ____ mon bol, et moi, je l'ai ____.

• On va ____ l'arrosoir, et on ira le ____ sur les fleurs.

5

endormi / réveillé / endormir / réveiller / poser / répondu / posé / répondre

ⓐ • Hier soir, je me suis ____ tout de suite, mais un orage m'a ____.

• J'ai souvent du mal à m'____, et le matin, j'ai du mal à me ____.

ⓑ • J'ai une question à te ____, est-ce que tu veux bien me ____ ?

• J'ai ____ une question au maitre et il m'a ____ tout de suite.

Pour aller plus loin

Avec les éléments qui te sont donnés, invente une phrase.

ⓐ Max / Paul / fermer / ouvrir 

ⓑ Zoé / Kenji /commencer / finir 

ⓒ Léa / Samir / semer / cueillir 

ⓓ descendre / remonter 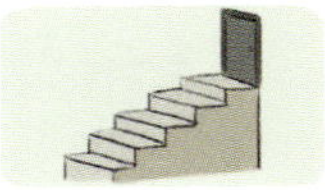

ⓔ salir / laver 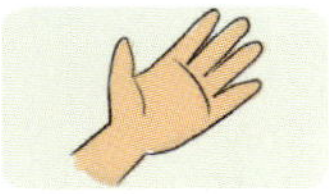

ⓕ sortir / entrer 

ⓖ tenir / lâcher 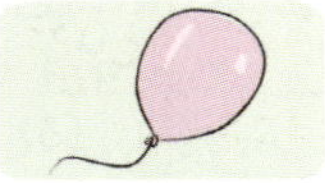

ⓗ soigner / guérir 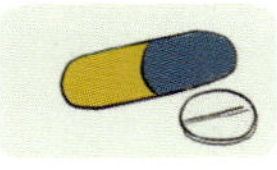

Je maitrise **l'ordre alphabétique** (2)

Pour commencer

1. Dans cette activité, il faut ranger tous les mots dans l'ordre alphabétique.

- **Observe ce que des élèves ont fait.**

opération — hôtel — haut — autocollant — odeur

orage — hôpital — auberge — autrefois

Comprends-tu pourquoi ils ont entouré certaines lettres ?

- Ensuite, ils ont commencé à ranger les mots. **Observe leur classement.**

Comprends-tu pourquoi ils ont souligné certaines lettres ?

auberge
autocollant
autrefois
haut

- **Continue le rangement de tous les mots en t'aidant des lettres entourées.**

2. Effectue le même travail avec ces mots.

histoire — igloo — inondation — immeuble

hiver — imagination — hygiène — hirondelle

Pour s'entrainer

sur ton cahier
n° 1 p. 58
écharpe
écureuil

- **Complète les mots avec la ou les bonnes lettres.**
- **Puis récris ces mots dans l'ordre alphabétique.**

Si tu ne sais pas, vérifie dans **ton dictionnaire** ou dans **ton répertoire**.

1 **hé**... ou **é**... ?

____charpe
____cureuil
____risson
____licoptère

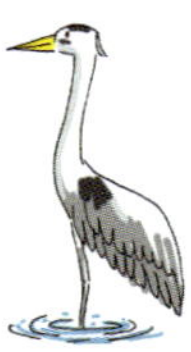

____ron
____pingle
____tagère

2 **é**... ou **ai**... ?

____guille
____gle
____mant
____toile

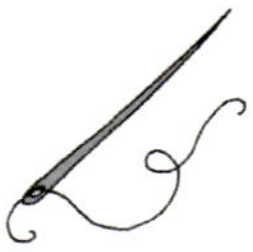

____lève
____chelle
____quipe

3

ha… ou a… ?

_____rmoire
_____ccordéon
_____crobate
_____rmonica
_____quarium
_____mster
_____ricot

4

au…, hau…, ho… ou o… ?

_____tobus
_____toroute
_____truche
_____t-parleur
_____rloge
_____reille
_____tarie
_____rizon

5

c…, k… ou qu… ?

_____oquillage
_____inze
_____rocodile
_____oala
_____adrillage
_____orbeau
_____ille
_____laxon

6

ci…, cy… ou si… ?

_____gnature
_____gogne
_____cliste
_____fflet
_____rque
_____rène
_____tron
_____clone

7

ce… ou se… ?

_____rcle
_____rpent
_____lle
_____pt
_____rviette
_____rveau
_____rrure
_____rf-volant
_____rvice

Pour aller plus loin

- **Cherche dans le dictionnaire l'orthographe des couples d'homonymes dessinés.**
- **Écris-les en indiquant leur numéro puis range-les dans l'ordre alphabétique.**

Le savais-tu ?
Les homonymes sont des mots qui se prononcent de la même façon mais qui s'écrivent différemment.

1

2

3

4

5

6

7

8

Je maitrise
les phrases affirmatives et négatives

Pour commencer

Observe cette activité réalisée par un élève.

- ~~Je mange toujours des épinards~~, car j'ai horreur de ça !
  Je ne mange jamais d'épinards
- ~~C'est toujours facile de faire du vélo~~, surtout quand il y a du vent !
  Ce n'est jamais facile de faire du vélo
- ~~Il n'y a plus de gâteau~~, tu peux en reprendre une petite part.
  Il y a encore du gâteau
- ~~Nicolas est déjà arrivé~~ : son avion atterrira avec une demi-heure de retard.
  Nicolas n'est pas encore arrivé

– Peux-tu expliquer ce qu'il fallait faire ?
– Es-tu d'accord avec les transformations proposées par cet élève ?

Pour s'entrainer

- **Lis la phrase.**
- **Puis transforme le début pour qu'elle retrouve un sens normal.**

Pour t'aider

Dans une phrase affirmative		Dans une phrase négative	
tout	encore	ne ... pas	ne ... pas toujours
quelque chose	déjà	ne ... plus	ne ... pas encore
beaucoup	souvent	ne ... jamais	
	toujours	ne ... rien	

1

- Je n'aime pas ce chanteur, je connais toutes ses chansons par cœur.
- Je joue toujours sur la route, parce que c'est trop dangereux.
- Adam est déjà rentré chez lui, car il est coincé dans un embouteillage.

2

- On peut encore ranger des vêtements dans l'armoire, elle est pleine à craquer.
- Alex joue toujours au basket, parce qu'il a horreur de ça !
- Je ne mange presque jamais de glace, car c'est mon dessert préféré.

3

- Thelma a déjà son permis de conduire, car elle n'a que 16 ans.
- Le chat a tout mangé, il a laissé un peu de pâtée dans sa gamelle.
- Mon chien n'est pas content de me revoir, il saute de joie.

4

- Je ne sais pas encore nager, je n'ai plus besoin de planche ni de ceinture !
- Ninon n'a pas terminé ses devoirs, elle est contente d'en être débarrassée.
- Les invités sont déjà arrivés, on va les attendre quelques minutes de plus.

5

- J'ai déjà mangé des escargots, mais j'aimerais bien y gouter.
- Je n'ai plus de peinture, je peux repeindre mon étagère.
- J'ai encore faim, je ne pourrais pas avaler une bouchée de plus !

Pour aller plus loin

Le savais-tu ?

Souvent, une phrase négative permet de dire le contraire d'une autre phrase.
Mais parfois, une phrase négative permet de dire la même chose.
Observe ces exemples :

Le train est presque arrivé à la gare. = *Le train* **n'***est* **pas tout à fait** *arrivé à la gare.*
phrase affirmative — *phrase négative*

La carafe est presque vide. = *Il n'y a* **presque plus** *d'eau dans la carafe.*
phrase affirmative — *phrase négative*

Complète : écris une phrase (négative ou affirmative) qui veut dire la même chose que l'autre phrase.

a. J'ai presque fini le livre que tu m'as prêté.	=	Je n'ai ....
b. Le bus est	=	Le bus n'est jamais en retard.
c. Le gâteau	=	Le gâteau n'est pas encore tout à fait cuit.
d. Tu devrais arrêter de fumer.	=	Tu ne devrais ....

Je conjugue
les verbes au présent (1)

Pour commencer

- **Lis ces verbes conjugués au présent, au singulier.**

elle se lave - je reçois - elle boit - tu obéis - tu avances - il aperçoit - il regarde - on fait - je dors - elle réagit - je vois - je joue - tu t'assois - je parle - tu crois - je reviens - tu dois - il sait

Des élèves ont commencé à les classer dans un tableau.
Comprends-tu leur manière de ranger ?

	1er groupe	2e et 3e groupes		
Sujet	**Verbes en -er**	**Verbes en -ir**	**Verbes en -re**	**Verbes en -oir**
je ou **j'**			j'écris (écrire)	je vois (voir)
tu	tu chantes (chanter)	tu grandis (grandir)	tu lis (lire)	
il ou **elle**		il s'enfuit (s'enfuir)		il sait (savoir)

- **Recopie le tableau et complète-le.**

Remarques-tu des régularités de conjugaison ?

Pour s'entrainer

- **Lis chaque phrase et cherche l'infinitif du verbe conjugué : est-ce un verbe en -er ou un autre verbe ?**
- **Puis écris le verbe avec la bonne terminaison.**

Pour t'aider

	Verbes en -er (1er groupe)	Verbes en -ir, -oir, -re (2e et 3e groupes)
je	parle	vois
tu	parles	vois
il, elle, on	parle	voit

1

- Je par___ en vacances demain.
- Ma cousine vi___ en Alsace.
- Je ne trouv___ plus mes clés.
- Tu regard___ trop la télé.
- Tu cour___ plus vite que moi.
- Je dor___ comme une marmotte.

2

- Tu sen___ bon la lavande.
- Je connai___ bien ta sœur.
- Je commenc___ à avoir froid.
- Clara aim___ bien voyager.
- Tu me donn___ la main.
- Je fini___ les sablés.

3

- Je cherch____ mes chaussons.
- Tu cri____ comme Tarzan.
- Tu rempli____ la cruche.
- Je li____ un peu chaque soir.
- Marie rentr____ chez elle à midi.
- Tu ne réfléchi____ pas assez.
- Je ne boi____ jamais de sirop.

4

- Dominique condui____ très bien.
- Léa n'arrêt____ pas de tomber.
- Je lui port____ souvent son sac.
- Ce fromage sen____ très fort !
- Je retourn____ me baigner.
- Mamie racont____ une histoire.
- L'oiseau vol____ en zigzag.

5

- Je m'assoi____ à côté de papa.
- Cette machine, à quoi elle ser____ ?
- Papi n'oubli____ jamais rien.
- Maintenant, tu dor____ !
- Je ne voi____ rien.
- Tu parl____ trop fort.
- Pourquoi est-ce que tu pleur____ ?

6

- J'habit____ en Bretagne.
- Tu tourn____ en rond.
- Théo march____ un peu tous les jours.
- Le hibou voi____ même la nuit.
- Tu t'endor____ facilement.
- Je ne guéri____ pas vite de la grippe.
- La fermière trai____ les vaches.

Pour aller plus loin

Le savais-tu ?

Les mots qui se terminent par *-s* ne sont pas forcément au pluriel !

- Parfois, ce sont des **verbes conjugués avec *tu*** : *tu parles*, *tu dors*, etc.
- D'autres fois, ce sont des **mots invariables** qui prennent toujours un *-s* : *dehors*, *jamais*, etc.
- Parfois, ce sont des **noms au pluriel** : *des voitures*, *des trains*, etc.

Avec chaque série de trois mots, forme une petite phrase, puis souligne les verbes en rouge, les noms en bleu et les mots invariables en vert.

- fais erreurs moins
- devoirs termines toujours
- parfois amuses amis
- sautes dans flaques
- vers étoiles fonces
- manges cerises dehors
- ranges ailleurs affaires
- plus fais bêtises

Je trouve **l'infinitif des verbes**

Pour commencer

- **Observe cette activité commencée par un élève.**

• Hier, j'ai appris une leçon d'anglais. • Aujourd'hui, j'apprends une poésie. • Demain, j'apprendrai la table de 4. *L'infinitif du verbe est : apprendre.*	• Est-ce que tu as vu Lisa ? • Je vois mieux avec mes nouvelles lunettes. • D'ici, vous verrez bien la tour Eiffel.

Peux-tu expliquer ce qu'il fallait faire ?

- **Termine l'activité avec les phrases de la deuxième colonne.**

sur ton cahier

n° 1 p. 64
Ils ont perdu
L'infinitif du verbe est : ...

Pour s'entrainer

Dans chaque série de trois phrases, un même verbe est conjugué.

- **Entoure les formes conjuguées de ce verbe.**
- **Puis écris son infinitif.**

1

- Ils ont perdu du temps dans les embouteillages.
- Quand je joue aux cartes, je perds à chaque fois !
- Si tu ne répares pas ton bracelet, tu le perdras.

- Ce matin, j'ai couru jusqu'à l'école.
- Karim court comme un champion.
- À mon signal, vous courrez le plus vite possible.

2

- Pendant les vacances, on a dormi sous la tente.
- ♩♪ Meunier, tu dors, ton moulin va trop vite ! ♩♪
- Samedi prochain, je dormirai chez Jérémy.

- Alice a appris la guitare quand elle était plus jeune.
- Laisse-moi tranquille, j'apprends ma leçon !
- Pour jeudi, vous apprendrez votre poésie.

3

- On verra bien si tu as raison.
- Est-ce que tu as vu ce film ?
- Je voyais bien que quelque chose n'allait pas.

- Il a pris la plus grosse part du gâteau !
- Chaque matin, nous prenons le bus du ramassage scolaire.
- Mes parents prennent souvent l'avion.

4

- Ils feront ce qu'ils voudront.
- J'ai froid, je veux rentrer chez moi.
- Qu'est-ce qu'elles veulent manger ce soir ?

- Un petit oiseau est mort en tombant du nid.
- Je vais aller manger, car je meurs de faim !
- Si tu n'arroses pas tes plantes, elles mourront !

5

- Aujourd'hui, Enzo est embêté parce qu'il ne sait pas bien sa leçon.
- Tu savais que la maitresse était malade ?
- Mon petit frère a su marcher quand il avait onze mois.

- Nous n'avons pas compris ce que tu disais.
- Tu comprendras quand tu seras grand !
- Clara et Dénia ne comprennent pas la règle du jeu.

Pour aller plus loin

Complète avec des verbes contraires : l'un en -er, l'autre en -ir.

- fermer ≠ ______
- ______ ≠ finir
- vider ≠ ______
- rapetisser ≠ ______

- ______ ≠ punir
- rester ≠ ______
- ______ ≠ sortir
- oublier ≠ ______

J'utilise **les déterminants**

Pour commencer

- **Lis ce court texte et trouve les petits mots qui manquent.**
- **Écris-les avec le nom qu'ils accompagnent.**

Il était une fois …… petit pingouin qui avait toujours froid.
…… jour, il trouva …… écharpe sur …… banquise. Il la mit autour de …… cou, mais …… pingouin ne savait pas que …… écharpe appartenait à …… ours blanc ! …… ours fut très en colère quand il vit …… écharpe autour de …… cou : il poussa …… grognement terrible et s'avança vers …… pauvre pingouin qui appela …… maman de toutes …… forces.
« Rends-moi …… écharpe, petit voyou !
– Excusez-moi, je ne savais pas que c'était …… écharpe !
Tenez, je vous la rends tout de suite ! »
Alors, …… ours reprit …… écharpe et disparut sur …… banquise.

- **Souligne en vert les mots que tu as écrits devant écharpe.**

Peux-tu expliquer pourquoi on utilise des déterminants différents, alors que c'est toujours la même écharpe ?

Pour s'entrainer

Complète les phrases avec le déterminant qui convient.

sur ton cahier
n° 1 p. 66
… le soleil …
…

Pour t'aider

Différents types de déterminants

Articles définis		Articles indéfinis		Autres déterminants	
le		un		mon - ma	mes
la	les	une	des	ton - ta	tes
l'				son - sa	ses
				notre	nos
				votre	vos
				leur	leurs

1

- Demain, …… soleil brillera sur …… Alpes et …… Jura.
- Rangez …… affaires et prenez …… cahier du jour !
- Benjamin ne pourra pas venir à …… fête, …… père et …… mère ne veulent pas qu'il sorte.
- …… école se trouve entre …… mairie et …… église.
- Quand il pleut, je mets …… bottes, …… veste et je prends …… parapluie.

2

- Nous sommes désolés, mais nous ne pourrons pas venir à ____ soirée.
- J'ai cueilli ____ bouquet pour ____ papi.
- Tu veux bien me prêter ____ arc et ____ flèches ?
- ____ parents renards s'occupent toujours très bien de ____ petits.
- Je ne trouve plus ____ ciseaux, pourtant je les avais rangés dans ____ trousse !

3

- Je me promène avec ____ père et ____ mère.
- Avez-vous retrouvé ____ portemonnaie ?
- J'aime beaucoup Emma, c'est ____ meilleure copine.
- Enlève ____ manteau, ____ écharpe, ____ cagoule et ____ moufles.
- Sarah et Thomas vous invitent à ____ mariage.

4

- Nous devons protéger ____ planète.
- Je n'entre jamais dans ____ chambre de ____ sœur.
- Louis a mis ____ gouter dans ____ sac.
- ____ cheveux sont emmêlés et ____ bout de mon nez est tout rouge.
- Lola a oublié ____ lunettes à ____ piscine.
- Joanna a perdu ____ poupée.

Pour aller plus loin

Dans ces petites histoires, tous les déterminants ont disparu !

Retrouve-les et récris les textes complétés.

ⓐ Hier, j'ai rencontré homme bizarre. Il portait chapeau mou et lunettes noires. Quand je l'ai croisé, homme s'est mis à rire. Il a retiré chapeau puis l'a posé sur tête. Il a aussi ôté lunettes pour les remettre sur nez. Enfin, il m'a serré main et a disparu dans foule. Je suis rentré à maison avec drôle d'impression.

ⓑ semaine dernière, j'ai vu hérisson dans jardin. Il était en train de manger limace orange qu'il avait trouvée dans fraisiers. petit frère a voulu le toucher, mais hérisson s'est mis en boule quand il a approché main. On est restés bon moment à l'observer, puis il est parti vers haie et s'est caché dans feuilles mortes. J'aurais bien voulu le prendre en photo, mais appareil ne marche plus.

Je reconnais **le masculin et le féminin**

Pour commencer

- **Lis ces phrases et écris-les en choisissant le masculin ou le féminin.**

a. Cet / Cette | athlète russe a éliminé son adversaire | japonais. / japonaise.

b. Le / La | pauvre enfant marchait | seul / seule | dans la rue | désert. / déserte.

- **Ensuite, relie les mots qui s'accordent au masculin ou au féminin, comme dans cet exemple.**

La violoniste est très douée...

féminin

Pour s'entrainer

sur ton cahier

n° 1 p. 68

La manche de mon pull ...

féminin

- **Lis ces étiquettes et choisis celles qui forment une phrase correcte en respectant les accords au masculin ou au féminin.**
- **Ensuite, relie les mots qui s'accordent au masculin ou au féminin.**

Aide-toi des dessins si c'est nécessaire !

1

Le / La | manche de mon pull est | troué. / trouée.

Très motivée, | le / la | champion / championne | cycliste prend la tête de la course.

2

L’astronaute | débutant / débutante | enfile sa combinaison spatiale.

Papa mit les biftecks dans | le / la | poêle bien | chaud. / chaude.

3

Le / La | petit / petite | somnambule, un peu | perdu, / perdue, | retourna au lit.

Le bucheron, | fatigué, / fatiguée, | s’assoit sur | le / la | mousse bien | vert. / verte.

4

Le / La | violoniste est | doué / douée | mais | le / la | pianiste est trop | lent. / lente.

Je vais construire | un / une | grand / grande | tour de sable.

5

Le / La | jeune journaliste interroge | le / la | ministre des Transports.

À l’ombre d’un saule, les crapauds se rafraichissent dans | le / la | vase.

Je reconnais **le masculin et le féminin**

- **Lis ces étiquettes et choisis celles qui forment une phrase correcte en respectant les accords au masculin ou au féminin.**
- **Ensuite, relie les mots qui s'accordent au masculin ou au féminin.**

Aide-toi des dessins si c'est nécessaire !

6

Le / La | guide prit le bras | du / de la | jeune | sportif / sportive | aveugle.

Le / La | jeune acrobate chinois entra sur scène, | prêt / prête | à faire son numéro.

7

La fleuriste met les fleurs coupées dans | un / une | vase immense.

Le / La | libraire, | souriant, / souriante, | salua les | premiers / premières | clients. / clientes.

Pour aller plus loin

Avec les mots ci-dessous, écris une phrase correcte pour chaque dessin.

le - la - poste - de - du - radio - village - est - fermée - allumé

le - la - voile - mariée - bateau - est - gonflé - gonflée - par - vent - de - du

1 

2 

3 

4 

Je conjugue
les verbes au présent (2)

Pour commencer

• **Lis ces phrases.**

– Je prends le train.
– Je pars en voiture.
– Tu poses une question.
– Tu réponds à la question.
– Tu comprends l'anglais.

– Tu parles anglais.
– Je ne vois rien.
– Je n'entends rien.
– Il descend les escaliers.
– Il monte les escaliers.

– J'apprends ma poésie.
– Je dis ma poésie.
– Tu mords dans ta pomme.
– Tu croques dans ta pomme.
– Elle perd son temps.

• **Trouve l'infinitif des verbes conjugués au présent et classe-les dans le tableau.**

	1er groupe	2e et 3e groupes	
Sujet	**Verbes en -er**	**Verbes en -ir / -re / -oir**	**Verbes en -dre**
pronom je ou j'		je pars (partir)	je prends (prendre)
pronom tu	tu poses (poser)		
pronom il ou elle			

Pour s'entrainer

• **Dans chaque phrase, cherche l'infinitif du verbe conjugué : est-ce un verbe en -er, un verbe en -dre ou un autre verbe ?**
• **Puis écris le verbe avec la bonne terminaison.**

Pour t'aider

	(1er groupe) Verbes en -er	(2e et 3e groupes) Verbes en -ir, -oir, -re	Verbes en -dre
je	parle	vois	vends
tu	parles	vois	vends
il, elle, on	parle	voit	vend

1

• Mon oncle construi… sa maison.
• Tu gagn… souvent aux billes.
• Nous repart… déjà demain ?
• Le papillon se pos… sur une fleur.
• Sarah mor… dans sa pomme.
• Je pren… mon temps.
• Vous grandiss… plus vite que moi.

Je conjugue **les verbes au présent** (2)

- **Dans chaque phrase, cherche l'infinitif du verbe conjugué : est-ce un verbe en -er, un verbe en -dre ou un autre verbe ?**
- **Puis écris le verbe avec la bonne terminaison.**

2

- Je me réveill ___ tous les jours à sept heures.
- La pluie ren ___ la route glissante.
- Le canari chant ___ dans sa cage.
- Je ne réussi ___ pas ce tour à chaque fois.
- Tu répon ___ avec le sourire.
- J'écri ___ à ma grand-mère de temps en temps.
- Je ne repren ___ jamais de dessert.

3

- Nous attend ___ les invités.
- Mohamed vien ___ ce soir.
- Tu dans ___ drôlement bien.
- Je per ___ souvent patience.
- Cette crème adouci ___ la peau.
- Je pren ___ le bus à Londres.
- Tu di ___ n'importe quoi !

4

- Elle n'enten ___ que d'une oreille.
- La mode chang ___ vite.
- Vous dessin ___ bien.
- Tu pren ___ beaucoup de place.
- Le bébé ri ___ aux éclats.
- Léo répon ___ au téléphone.
- Je me promèn ___ tous les soirs.

5

- Tu fai ___ des progrès.
- Lucile coup ___ le gâteau.
- Elle se défen ___ bien, au tennis.
- Je fai ___ un gâteau.
- Est-ce que tu m'enten ___ bien ?
- Ici, nous vend ___ de tout.
- Tu travaill ___ de mieux en mieux.

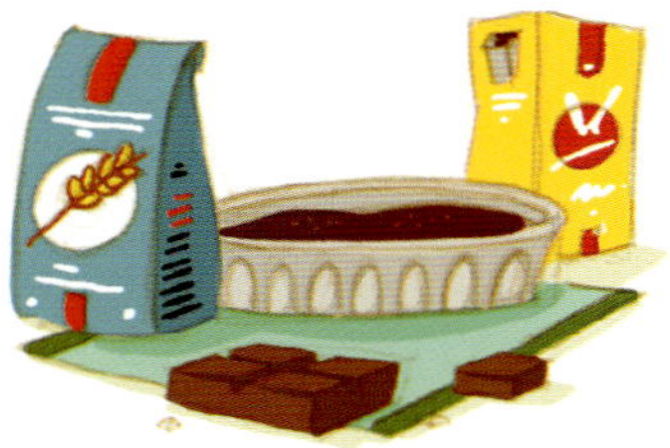

Je repère
les limites de la phrase

Pour commencer

• Observe ces deux phrases.

a. Tout le monde avait envie de gouter le gâteau. Il n'était pas encore cuit

b. Tout le monde avait envie de gouter. le gâteau sentait bon dans toute la cuisine.

Une élève a essayé d'ajouter les points et les majuscules qui manquaient.

– Es-tu d'accord avec son travail ?

– Rectifie au besoin ce qui ne convient pas.

• Effectue le même travail avec ces phrases.

a. Tu veux que je t'aide à chercher ton portefeuille ne doit pas être bien loin!

b. tu veux que je t'aide à chercher ton portefeuille ? Où peut-il bien être.

Pour s'entrainer

Corrige ces phrases en ajoutant les majuscules et la ponctuation manquante : le point (.), le point d'interrogation (?) ou le point d'exclamation (!).

1

• on ne peut pas traverser la rue est en travaux
• on ne peut pas traverser la rue il n'y a pas de passage piéton

• j'ai trouvé la solution de ce problème n'était pas évidente
• j'ai trouvé la solution à ton problème je t'en parlerai ce soir

2

• c'est maman qui a ouvert la porte était fermée à clé
• c'est maman qui a ouvert la porte elle était fermée à clé

• enfin, j'ai fini cet exercice était vraiment compliqué
• enfin, j'ai fini cet exercice je n'ai plus qu'à ranger mes affaires

Je repère
les limites de la phrase

Corrige ces phrases en ajoutant les majuscules et la ponctuation manquante : le point (.), le point d'interrogation (?) ou le point d'exclamation (!).

3

- youpi, j'ai gagné le gros lot est pour moi
- youpi, j'ai gagné le gros lot je pars en italie

- peux-tu m'aider à chercher mon téléphone il a disparu
- je vais t'aider à chercher ton téléphone ne s'est pas envolé

4

- j'adore dessiner maman dit que je suis doué
- j'adore dessiner maman je réussis très bien ses cheveux

- j'ai envie de gouter cette tarte elle vient de sortir du four
- j'ai envie de gouter cette tarte est appétissante

5

- j'ai du mal à avaler ce cachet je dois avoir une angine
- j'ai du mal à avaler ce cachet est vraiment trop gros

- tous les magasins ont fermé les rideaux de fer sont descendus
- tous les magasins ont fermé leurs rideaux de fer ils rouvriront demain

Pour aller plus loin

- **Associe chaque phrase à son dessin.**

a. « Alice, pensa le lapin, est bien pressée ! »
b. Alice pensa : « Le lapin est bien pressé ! »

① 

② 

- **Complète les phrases suivantes avec la bonne ponctuation nécessaire :**

« » , : . ! ?

– Albert demanda Julie est-il arrivé
– Albert demanda Julie est-elle arrivée

– Maman s'exclama Patrick n'est pas rentré
– Maman s'exclama Patrick n'est pas rentrée

Je reconnais
les verbes et les noms (1)

Pour commencer

• **Observe cette activité réalisée par une élève.**

a. Mon père **cuisine** d'excellents plats. (verbe)
Il passe sa vie dans la **cuisine**. (nom)

Mon père cuisine : je peux dire « je cuisine », « tu cuisines ».
Donc « cuisine » est un verbe.

La cuisine : je peux dire « une cuisine », donc « cuisine » est un nom.

b. Yanis **gare** la voiture sur le parking. (nom)
Peux-tu me conduire à la **gare** tout à l'heure ? (nom)
Les deux sont des noms parce qu'ils vont à la gare.

c. La secrétaire **classe** des dossiers. (verbe)
La **classe** des CM2 est au premier étage. (nom)
La secrétaire classe : elle classe, ça veut dire qu'elle range des dossiers.
La classe des CM2 : c'est la salle de classe, ce n'est pas le verbe « classer ».

Peux-tu expliquer ce qu'il fallait faire ? Vérifie les réponses et rectifie au besoin.

Le premier de ces mots est déjà souligné pour t'aider.

Pour s'entraîner

sur ton cahier

n° 1 p. 75
a. quelque chose qui bouche (verbe)
ta bouche (...)

• **Souligne les mots qui s'écrivent de la même façon.**
• **Puis écris s'il s'agit d'un nom ou d'un verbe.**
• **Enfin, si c'est un nom, surligne en vert l'article qui est juste devant.**

1

a. Il y a quelque chose qui bouche l'évier.
Mets la main devant la bouche quand tu bâilles !

b. L'éléphant arrache de l'herbe avec la trompe.
Malika se trompe sans arrêt dans ses calculs.

2

a. Tu tombes à la renverse.
Les tombes sont fleuries dans ce cimetière.

b. Charlotte montre ses nouveaux habits à Laura.
Je vais acheter une nouvelle montre.

Je reconnais **les verbes et les noms** (1)

- **Souligne les mots qui s'écrivent de la même façon.**
- **Puis écris s'il s'agit d'un nom ou d'un verbe.**
- **Enfin, si c'est un nom, surligne en vert l'article qui est juste devant.**

3

a. Le froid rend les joues rouges.
Tu joues avec tes petites voitures.

b. Appuie sur la touche « entrée ».
Le gardien du musée ne veut pas qu'on touche aux statues.

4

a. Une mouche s'est posée au plafond.
Mon grand-père se mouche bruyamment.

b. Je bois un jus de fruit et hop, c'est reparti !
Il faudra scier le bois pour faire du feu.

5

a. Je mange une pêche bien juteuse.
Bastien pêche souvent dans le lac.

b. Le footballeur fait une passe à l'arrière.
Lola passe une nouvelle couche de peinture.

Pour aller plus loin

- **Observe ces verbes à l'infinitif.**
- **Trouve un nom de la même famille, puis écris des phrases avec le verbe et le nom, comme dans l'exemple.**

Exemple : *rêver* → un rêve
- *La nuit dernière, j'ai fait un rêve étrange.* (nom)
- *Martin rêve de voyager.* (verbe)

- combattre → un combat

• lancer → ...	• brosser → ...	• coller → ...
• danser → ...	• fêter → ...	• griffer → ...

Je reconnais **les noms communs et les noms propres**

Pour commencer

Lis ces textes.

- En 1884, M. Eugène Poubelle était le préfet de Paris. Il obligea les habitants de cette ville à utiliser des boites spéciales pour mettre leurs ordures. À cette époque, beaucoup de Parisiens jetaient directement leurs ordures dans la rue !

- Charlotte adore faire de la pâtisserie. Sa spécialité, c'est… la charlotte aux fraises !

– As-tu deviné quel nom a été donné à ces boites à ordures dans le premier texte ?
– Qu'est-ce qu'il y a d'amusant dans ces deux textes ?
*– Peux-tu expliquer comment on reconnait un nom **commun** et un nom **propre** ?*

Pour s'entrainer

sur ton cahier

n° 1 p. 77
Claude de France : nom propre
la reine-claude : …

- **Lis les petits textes.**
- **Dans chacun d'entre eux, trouve le nom propre et le nom commun.**

1

a. L'épouse du roi François Ier s'appelait Claude de France. En son honneur, on donna son nom à une jolie prune vert-jaune, la reine-claude.

b. Olivier fait la sieste à l'ombre d'un olivier.

c. Dans le département de l'Allier, la ville de Moulins porte ce nom parce qu'il y avait autrefois plusieurs moulins.

2

a. Ma tante Marguerite adore cueillir des fleurs dans les prés, surtout des bleuets et des marguerites.

b. En Bourgogne, on produit un vin qui s'appelle le bourgogne.

c. Les frères Montgolfier sont les inventeurs du ballon gonflé à l'air chaud, qui s'envola pour la première fois en 1783. Ils ont laissé leur nom à la montgolfière.

Je reconnais **les noms communs et les noms propres**

- **Lis les petits textes.**
- **Dans chacun d'entre eux, trouve le nom propre et le nom commun.**

3

a. Rose a cueilli un bouquet de roses.

b. Benjamin a deux grandes sœurs : c'est donc lui le benjamin de la famille, le plus jeune enfant.

c. En 1640, le roi Louis XIII décida de créer une nouvelle pièce de monnaie : comme son portrait était gravé sur cette pièce, on l'appela le louis d'or.

4

a. Tu connais certainement la marionnette Guignol : c'est un personnage créé dans la ville de Lyon. Aujourd'hui, on traite aussi de guignol une personne qui amuse les autres ou qui n'est pas très sérieuse.

b. Le gruyère vient de la région de Gruyère, en Suisse.

c. L'abbé Clément vivait en Algérie. Au début du siècle dernier, il créa un fruit délicieux qui ressemble à une mandarine, mais sans pépins. Ce fruit s'appelle la clémentine.

5

a. Camembert est un petit village de Normandie, à l'ouest de Paris. C'est dans ce village que Marie Harel inventa la recette du camembert.

b. Pierre construit un mur en pierres.

c. Louis Braille a inventé un alphabet, le braille, qui permet aux personnes aveugles ou malvoyantes de lire avec leurs doigts. Chaque lettre est représentée par un groupe de petits points en relief sur le papier.

Pour aller plus loin

Le savais-tu ?

À l'origine, les noms de famille avaient souvent un sens en rapport avec la personne qui portait ce nom. Par exemple, Lendormi est un nom de famille donné à quelqu'un de lent, de maladroit. Chevalier est un nom donné à un homme qui était chevalier ou possédait un cheval.

Explique à ton tour l'origine de ces noms de famille, courants en France.

Lemarchand	Langlois	Barbier	Delahaye	Dupont
Delétang	Lebreton	Dupré	Dubois	Lallemand

Je conjugue
les verbes au présent (3)

Pour commencer

• **Observe ces tableaux de conjugaison.**

être
- je suis
- tu es
- il/elle est
- nous sommes
- vous êtes
- ils/elles sont

faire
- je fais
- tu fais
- il/elle fait
- nous faisons
- vous faites
- ils/elles font

dire
- je dis
- tu dis
- il/elle dit
- nous disons
- vous dites
- ils/elles disent

pouvoir
- je peux
- tu peux
- il/elle peut
- nous pouvons
- vous pouvez
- ils/elles peuvent

vouloir
- je veux
- tu veux
- il/elle veut
- nous voulons
- vous voulez
- ils/elles veulent

avoir
- j'ai
- tu as
- il/elle a
- nous avons
- vous avez
- ils/elles ont

aller
- je vais
- tu vas
- il/elle va
- nous allons
- vous allez
- ils/elles vont

Un élève a commencé à entourer et à regrouper les formes verbales qui n'ont pas une terminaison régulière.

Comprends-tu son classement ?

vous + -tes	je/tu + -x	ils/elles + -ont	j' + -ai	nous + -es	il/elle + -a
vous êtes	je peux	ils/elles sont	....	....	....
vous faites	....	....			....
....	....				

• **Recopie son tableau et continue à classer ces formes irrégulières.**

Je conjugue
les verbes au présent (3)

Pour s'entrainer

**Écris les verbes en les complétant avec la bonne terminaison au présent.
Aide-toi de ton aide-mémoire, leçon n° 18.**

1

- Tu ressembl… à ton frère, mais tu … plus petit que lui.
- Je vai… voir Papi aussi souvent que je peu… .
- Je termin… mes devoirs avant le repas.
- Les enfants dorm… à poings fermés.
- J'… besoin d'aide ; tu … m'aider ?

2

- Vous fai… de la poterie.
- Tu atten… quelqu'un ?
- Tu jou… à la poupée.
- Je revien… de la plage,
  l'eau … super bonne !
- Elle pren… le train
  car elle n'… pas de voiture.

3

- « Vous … en quelle classe ?
  – Nous somm… au CE2. »
- On se bross… les cheveux.
- Je fini… mon travail.
- Je ne répon… pas
  aux questions idiotes !
- Elle souri…
  de toutes ses dents.

4

- Elle voyag… beaucoup, car elle … à la retraite.
- « C'est bizarre, j'… l'impression que vous di…
  n'importe quoi !
  – Nous ne dis… pas n'importe quoi, nous parl… italien ! »
- Tu peu… rester ici aussi longtemps que tu veu… .
- Je ven… mon vieux vélo, 20 euros !

5

- Tu veu___ encore du fromage ?
- Je ___ gourmand,
  j'ador___ la pizza !
- Attention, ce chien mor___
  les inconnus !
- Je peu___ aller avec vous ?
- Nous part___ à l'école,
  nous y all___ à pied.

6

- J'___ mal aux dents !
- Gabriel per___ son temps,
  il ne veu___ pas travailler.
- Je peu___ nager sans bouée.
- Je par___ en vacances :
  je vai___ en Espagne.
- Tu veu___ encore de la tarte
  aux framboises ?

7

- Émilie devien___ de plus en plus
  jolie.
- Mes copines veul___ aller dehors.
- J'___ un bon et gros gouter,
  je peu___ le partager avec toi.
- Moi je ne veu___ pas sortir
  aujourd'hui, il fai___ trop froid !
- Et alors, pourquoi
  tu pleur___ ?

8

- Tu répèt___ toujours la même
  chose.
- Vous grandiss___ vite.
- Vous voy___ bien que j'___ raison !
- Quoi ? Qu'est-ce que vous di___ ?
- Je veu___ bien jouer avec toi.

Pour aller plus loin

- **Regroupe deux par deux les mots qui se prononcent de la même façon.**
- **Ensuite, indique leur classe grammaticale et utilise-les dans une phrase, comme dans l'exemple.**

> **Exemple :**
> fête : nom féminin. → *C'est la fête des mères.*
> faites : verbe « faire » au présent
> avec le sujet « vous ».
> → *Qu'est-ce que vous faites ?*

fête — sommes — veux — peu
peux — sont — faites — son
ont — vœu — on — somme

Je repère **le sujet et le verbe de la phrase**

Pour commencer

Écris toutes les phrases possibles avec les étiquettes proposées.

a

le train | prennent | les voyageurs | de la vitesse | prend

b

cuisent | les pizzas | dans le four | Papi | cuit

N'oublie pas **la majuscule** et **le point** !

Pour s'entrainer

- **Écris une phrase pour chaque dessin en t'aidant des étiquettes.**
- **Ensuite, souligne le sujet de chaque phrase et montre l'accord du verbe avec une flèche.**

1

a.

répare | réparent | les ouvriers | les lunettes | le robot

b.

les éléphants | pousse | le camion | poussent

2

a.

les élèves | l'escalier | au grenier

monte | montent

---

b.

traversent | les promeneurs | traverse

la rivière | les villes et les plaines

3

a.

réchauffe | dans la poêle | les restes

Maéva | réchauffent | des restes

---

b.

au | mur | aux | grimpent | lianes

grimpe | le singe | les

4

a.

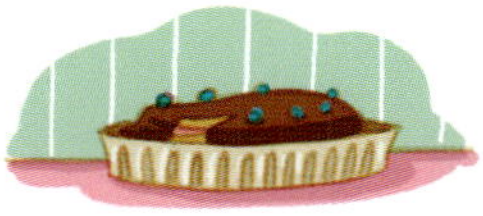

les gourmands | termine | le repas

le dessert | terminent

---

b.

murit | murissent | le soleil

dans l'arbre | les fruits

Pour aller plus loin

Écris toutes les phrases possibles avec les éléments proposés.

a. cacher / le soleil / les nuages

b. respecter / l'arbitre / les footballeurs

c. attendre / les maitresses / la directrice

d. quitter / les voiliers / le port

Je reconnais **les noms et les adjectifs**

Pour commencer

Observe ces roses et complète les phrases.

Voici trois roses rouges. Voici deux... Voici deux... Voici quatre...

– Que remarques-tu pour la dernière phrase ?

– Comment peut-on savoir si « rose » est un nom ou un adjectif ?

Pour s'entraîner

Souligne (ou surligne) le mot en gras en vert si c'est un adjectif, en bleu si c'est un nom.

sur ton cahier

n° 1 p. 84

a. les blancs
dét. nom

b. les ours blancs
nom adj.

1

a. Pour ce gâteau, il faut monter les **blancs** en neige.
b. Les ours **blancs** vivent sur la banquise.

c. Le **public** a applaudi le groupe de rock.
d. Les toilettes **publiques** ne sont pas toujours très propres !

e. Jules a peur dans le **noir**.
f. Zéralda a les cheveux **noirs** et bouclés.

2

a. Papa a offert des **roses** à Maman.
b. J'aime bien ta petite robe **rose**.

c. Sofia sort son **rouge** à lèvres de son sac à main.
d. Tu as couru, tu as les joues **rouges**.

e. Jérémy a une **chouette** montre !
f. La **chouette** chasse la nuit.

3

a. Le **général** donne ses ordres aux soldats.
b. Avant le spectacle, on a fait une répétition **générale**.

c. Je me suis fait un **bleu** au genou en jouant au rugby.
d. Comment s'appelle ce garçon qui a une chemise **bleue** ?

e. Mes parents ont pris rendez-vous avec le **principal** du collège.
f. Cette actrice a le rôle **principal** dans le film.

4

a. Pour le petit déjeuner, j'ai mangé un **croissant** au chocolat.
b. Rangez ces nombres dans l'ordre **croissant**.

c. En géométrie, on a appris à tracer un **carré**.
d. Ce footballeur a les épaules **carrées**.

e. Dans cette recette, il faut séparer les **jaunes** des blancs.
f. Pendant le Tour de France, le meilleur coureur porte le maillot **jaune**.

5

a. Dans *Lucky Luke*, Rantanplan est un chien **paresseux** et stupide.
b. J'ai vu un reportage sur les **paresseux**.

c. J'ai visité Bruxelles, qui est la **capitale** de la Belgique.
d. Cette information est d'une importance **capitale**.

e. Clémence est l'**ainée** de la famille.
f. Je te présente Ahmed, mon frère **ainé**.

Pour aller plus loin

- **Observe bien les mots ci-dessous : ils peuvent être des noms ou des adjectifs.**
- **Écris des phrases avec ces noms et ces adjectifs.**

élastique	calme	fou	bête	original	curieux
militaire	cycliste	ferme	total	commode	comique

Je conjugue **les verbes *être* et *avoir***

Pour commencer

Dans les phrases suivantes, repère les verbes conjugués, puis écris leur infinitif et le temps utilisé (présent, futur, imparfait, passé composé).

Pour s'entrainer

Complète les phrases avec les verbes être et avoir correctement conjugués. Aide-toi du tableau de conjugaison p. 95.

1

- Quand mes parents ____ jeunes, ils ____ une toute petite maison.
- Tu ____ mon meilleur ami, tu ____ toujours là quand j' ____ besoin de toi.
- Mes parents ____ blonds, je ____ blond comme eux !
- J'espère que tu ____ plus calme demain.

Pour t'aider

Le présent		L'imparfait	Le futur	Le passé composé	
suis	ai	ais	rai	ai	
es	as	ais	ras	as	
est	a	ét + ait	se + ra	a	eu
sommes	avons	av + ions	au + rons	avons	+ été
êtes	avez	iez	rez	avez	
sont	ont	aient	ront	ont	

2

- L'année dernière, Romane ____ du mal à nager sans bouée.
- Il ____ une fois une princesse et un prince : ils ____ amoureux.
- Hier soir, j' ____ de la fièvre mais, ce matin, je n'en ____ plus du tout.
- Dans un an, Maxime ____ étudiant.

3

- Quand tu ____ cinq minutes, tu rangeras ta chambre !
- « Quelle heure ____ -il ? – Il ____ trois heures. »
- Il y a un an, ils ____ dans la même école.
- Ah, vous voilà enfin ! Nous ____ inquiets ! Où ____ -vous ?

4

- « Nous ____ les dernières places pour le concert d'hier !
  – Vous ____ beaucoup de chance ! »
- « Bonjour, qui ____ -vous ? – Je ____ votre nouveau voisin. »
- Autrefois, les films ____ en noir et blanc.
- « Quand ____ -nous le droit de dormir en classe ?
  – Quand les poules ____ des dents ! »

5

- Aujourd'hui, nous ____ à l'école.
- L'année prochaine, j' ____ neuf ans.
- Les filles ____ aussi sportives que les garçons !
- Quand vous ____ petits, vous n' ____ pas d'ordinateur.

Je conjugue
les verbes au futur

Pour commencer

• **Lis ces phrases.**

1. Les trains roulaient à la vapeur.
2. Les astronautes partent en mission dans l'espace.
3. Nous explorerons les autres planètes du système solaire.
4. Les hommes rêvaient d'aller sur la Lune.
5. On écrit des courriels à l'ordinateur.
6. Il suffira de parler à l'ordinateur qui écrira à notre place.
7. On écrivait à l'aide d'une machine à écrire.
8. Les trains rouleront à 500 km/h.
9. Les trains ont des moteurs électriques.

• **Range les phrases dans ce tableau : écris leur numéro seulement.**

En 1900	Aujourd'hui	En 2100

• **Écris maintenant la liste des verbes conjugués avec leurs sujets.**
Quels sont les temps utilisés ?

Pour s'entrainer

• **Dans la colonne de gauche, entoure les verbes au futur et souligne leur sujet.**
• **Dans la colonne de droite, complète les verbes avec les bonnes terminaisons.**

1

L'affreux jaloux

Tout ce que tu auras, il le voudra.
Tout ce que tu penseras,
il le devinera.
Tout ce que tu diras, il le répètera.
Tout ce que tu verras,
il le regardera.

Ce que tu entendas, il l'écouta .
Tout ce que tu feras, il l'imita .
Mais un jour, un jour, tu t'énervas
et il le regretta !

Pour t'aider

Verbes en -er (1er groupe)				Autres verbes (2e et 3e groupes)			
je, j'	erai	nous	erons	je, j'	rai	nous	rons
tu	eras	vous	erez	tu	ras	vous	rez
il, elle, on	era	ils, elles	eront	il, elle, on	ra	ils, elles	ront

2

Super Mamie

Quand je viendrai chez vous,
quand vous m'inviterez,
j'aurai mille surprises
que vous découvrirez.
Je ferai mille crêpes
que vous dégusterez.

Je di____ mille histoires
que vous écout____,
je prend____ tout mon temps
et vous m'embrass____.
Je se____ la plus heureuse des mamies !
Se____-vous heureux aussi,
mes petits chéris ?

3

Chat alors !

Je serai très patient
je prendrai tout mon temps
je ne ferai pas de bruit
j'attendrai jour et nuit
vous ne me verrez pas
vous ne m'entendrez pas.

Mais quand vous sorti____ de votre trou,
quand vous montr____ le bout
du museau, je bondi____ sans hésiter,
je vous attrap____ et je vous croqu____ !

4

Le petit rat

Un petit rat,
pas bien gras,
ira à l'opéra.
Tu le verras,
tu le chasseras,
il se sauvera,
tu le poursuivras.

Tu le pièg____,
il s'échapp____.
Au moment où,
tout à coup, tu voud____
lui donner de la mort aux rats...
il t'embrass____ !

Je conjugue
les verbes au futur

- **Dans la colonne de gauche, entoure les verbes au futur et souligne leur sujet.**
- **Dans la colonne de droite, complète les verbes avec les bonnes terminaisons.**

5

Le vent

Tu verras, un jour
le vent se lèvera,
tu te sentiras tout drôle
le vent soufflera.

Tu écarter ___ les épaules.
Le vent rugi ___,
tes mains, tu les lèv ___,
le vent te soulèver ___,
tes bras, tu les étend ___
et tu t'envol ___ !

6

L'été

Bientôt, les vacances arriveront
les écoles fermeront
et nous nous en irons
loin du goudron.
Nous partirons
vers l'horizon.
Les cigales chanteront.

Nous nous allong ___
sur le sable blond.
Les sardines grill ___
sur le charbon et nous dégust ___
pastèques et melons !
Nous au ___ du soleil sur le front
et nous fe ___ des ronds dans l'eau.

Pour aller plus loin

- **Lis ces chansons traditionnelles.**
- **Complète-les avec des verbes au futur.**

a Alouette, gentille alouette,
alouette, je te plumer ___ !

b Je te tiens
tu me tiens
par la barbichette.
Le premier de nous deux
qui ri ___
au ___ une tapette.

c Do, do, l'enfant do,
l'enfant dormi ___ bien vite.

d Nous la rattrap ___, la petite hirondelle
et nous lui donn ___ trois petits coups
de bâton !

e Nous n'i ___ plus au bois,
les lauriers sont coupés.
La belle que voilà i ___ les ramasser.

Je conjugue
les verbes à l'imparfait

Pour commencer

• Lis ces phrases qui parlent de l'école d'aujourd'hui et d'il y a cent ans.

1. On écrit au stylo-bille.
2. Beaucoup d'enfants vont à l'école en voiture.
3. Les ordinateurs n'existaient pas.
4. Garçons et filles vont dans la même école.
5. Nous utilisons des ordinateurs.
6. Les élèves venaient à l'école en sabots.
7. Les élèves viennent à l'école en chaussures.
8. On écrivait à la plume.
9. Nous ne portons pas de blouse.
10. Tous les enfants allaient à l'école à pied.
11. Les élèves portaient une blouse grise.
12. Il y avait une école de filles et une école de garçons.

• Toutes ces phrases vont deux par deux : recopie-les dans ce tableau, les unes en face des autres.

L'école aujourd'hui...	*L'école il y a cent ans...*

– À quel temps sont conjugués les verbes de la première colonne ?

– Et ceux de la deuxième colonne ?

– Remarques-tu des régularités dans la conjugaison du deuxième temps ?

Pour s'entrainer

• Dans la colonne de gauche, souligne les verbes à l'imparfait et entoure leur sujet.

• Dans la colonne de droite, complète les verbes avec les bonnes terminaisons.

1

Le lionceau

Quand j'avais froid,
ma mère me réchauffait.
Quand j'avais faim,
elle me nourrissait.
Quand j'étais fatigué,
elle me cajolait.

Quand je jou____ avec mes frères,
elle me surveill____.
Quand les autres m'embêt____,
elle me protége____.
Quand je reven____ tout crotté, elle me léch____.
Maman lionne m'aim____
autant que je l'aim____.

Je conjugue les verbes à l'imparfait

- **Dans la colonne de gauche, souligne les verbes à l'imparfait et entoure leur sujet.**
- **Dans la colonne de droite, complète les verbes avec les bonnes terminaisons.**

2

Quand tu étais bébé

Mon enfant chéri,
quand tu étais tout petit,
tu tirais sur tes chaussettes
tu riais, tu gigotais
et tes yeux brillaient.
Tu te réveillais toujours
de bonne humeur
et tu buvais ton biberon
de bon cœur.

C'est ainsi que tu grandiss ____.
Quand tu tir ____ les cheveux
de ta sœur aux yeux si bleus,
elle n'ét ____ pas trop contente
mais elle ne t'en voul ____ pas.
Elle fais ____ des bisous sur tes joues,
elle t'aim ____ beaucoup.
Tes parents t'ador ____.
Ils t'adorent encore, petit Victor !

3

Conte de fées

Autrefois,
au temps des rois,
et même avant,
les fées se rencontraient
près de l'étang.
Elles discutaient
et elles chantaient
d'étranges chants.

La lune brill ____,
l'étang clapot ____,
les arbres bruiss ____
et les fées dans ____.
Moi, je le sav ____ mais je me tais ____.
Je me cach ____ sous mon chapeau,
je ne voul ____ surtout pas
finir en crapaud !

4

Soir d'automne

Le temps passait,
le vent soufflait,
les enfants s'ennuyaient.
La télé ronronnait,
le vieux matou ronflait,
les chatons s'endormaient.

L'horloge fais ____ tictac, le vent donn ____
des claques aux volets de bois peint.
La nuit tomb ____ sans fin.
Les nuages pass ____ comme un train
dans le lointain.
Et moi, perdu dans mes pensées,
je m'enfuy ____.

Pour t'aider

je	lisais	il, elle, on	lisait	nous	lisions
tu	lisais	ils, elles	lisaient	vous	lisiez

5

Albert à l'hôpital

Moi, j'aimais bien l'infirmière
Elle avait de beaux yeux verts
elle était gentille, c'est sûr…
mais j'avais peur des piqures.
Elle arrivait dans ma chambre
puis elle me réveillait.
Elle disait : « Courage, Albert ! »

Je lui montr___ mon derrière
et elle le piqu___ !
Deux larmes coul___
qu'aussitôt elle essuy___.
Elle ét___ douce et gentille
même si je trouvais qu'elle fais___
un drôle de métier !

6

Petits et grands

Quand nous étions encore
à la maternelle, vous étiez déjà
à la grande école.
Nous dansions la capucine
pendant que vous appreniez
à lire.

Vous récit___ vos leçons à l'heure
où nous fais___ la sieste,
nous jou___ à la poupée
au moment où vous travaill___.
Nous ét___ si petits
et vous ét___ si grands !
Nous n'av___ aucun souci
mais c'est fini, car nous avons grandi !

7

Les Robinsons

Autrefois, nous vivions
sur une ile déserte.
Des singes venaient me réveiller,
je mangeais des bananes
et je pêchais des poissons.
Nous habitions une case,
tout près de l'océan.

Il fais___ presque toujours beau,
mais les tempêtes ét___ terribles !
Nous all___ nous mettre à l'abri
puis nous reven___ sur la plage :
notre case ét___ souvent abimée,
alors, nous la répar___.

J'utilise **l'infinitif** **et le participe passé**

Pour commencer

J'ai terminé mon travail. | Le ballon va éclater.

Le lapin a mangé une carotte. | Elle a beaucoup voyagé.

Je vais terminer mon travail. | Le ballon a éclaté.

Elle a envie de voyager. | Le lapin veut manger une carotte.

- **Avec ton voisin ou ta voisine, regroupez les phrases deux par deux, selon leur sens.**

Est-ce que les paires de phrases veulent dire exactement la même chose ? Préparez-vous à expliquer les différences entre ces phrases.

- **Sur le cahier, organisez les étiquettes en deux colonnes : dans la première, l'action est déjà passée ; dans l'autre, l'action n'est pas encore passée.**

Observez les verbes : que remarquez-vous ?

Quand on utilise **le participe passé**, c'est que l'action est **déjà passée**.

Pour s'entrainer

Complète ces phrases avec le verbe à l'infinitif ou au participe passé.

1

J'ai peign▢ mes cheveux.

Je vais peign▢ mes cheveux.

Je veux arriv▢ le premier !

Je suis arriv▢ le premier !

2

J'ai achet___ des chaussures.

Je vais achet___ des chaussures.

Tu dois mieux travaill___ !

J'ai bien travaill___ !

3

J'ai bien mang___ !

J'ai envie de mang___ !

Interdit de boug___...

Qui a boug___ ?

4

L'avion va décoll___...

L'avion a décoll___ !

Elle m'a téléphon___.

Je n'ai pas eu le temps de lui téléphon___.

5

Le petit chat va tomb___.

Le petit chat est tomb___.

Le maitre va m'expliqu___ l'exercice.

Le maitre m'a expliqu___ l'exercice.

Je reconnais **les verbes et les noms** (2)

Pour commencer

• **Observe ces dessins et lis les phrases.**

a

b

c

1. Le jardinier taille les **branches** des arbres.
2. Tu **branches** l'ordinateur.
3. J'ai cassé une **branche** de mes lunettes.
4. Pierre **branche** son téléphone pour le recharger.
5. L'écureuil saute de **branche** en **branche**.
6. Zoé et Mattéo **branchent** leurs guitares électriques.

• **Associe le numéro de la phrase à la lettre du dessin qui lui correspond.**

• **Propose une manière de classer ces six phrases.**

– Peux-tu expliquer ton classement ?

– Pourquoi les mots en couleur ont-ils des terminaisons différentes ?

Pour s'entrainer

sur ton cahier

n° 1 p. 96
la marche à pied :
c'est un nom

• **Complète ces phrases avec les mots proposés.**

• **Puis écris si ces mots sont des verbes ou des noms.**

1

marche | marches | marchent

• J'ai horreur de la …… à pied !
• Samia, Paul et Noé …… souvent ensemble.
• Cette voiture est en panne, elle ne …… plus.
• Les …… de cet escalier sont très usées.
• Je …… plus vite que toi.
• Quand je suis pressé, je monte les …… de l'escalier deux à deux.
• Les bébés …… d'abord à quatre pattes.

2

porte | portes | portent

- C'est énervant, cette ____ qui grince !
- Elle ____ son petit chat dans les bras.
- Tu ____ des lunettes ?
- Elle ____ des vêtements très colorés.
- Léa et Lison ____ les courses jusqu'à la voiture.
- Quand il y a des courants d'air, les ____ claquent.

3

laisse | laisses | laissent

- Mon chien a cassé sa ____.
- Maintenant, tu me ____ travailler !
- Je te ____ réfléchir cinq minutes.
- Mes bottes ____ des traces dans la neige.
- Les moustiques ne me ____ pas tranquille !

4

joue | joues | jouent

- Un papillon s'est posé sur ma ____.
- J'ai couru dans le froid, mes ____ sont rouges.
- Ils ____ aux cartes.

- Les maternelles ____ à la marchande.
- Je ____ dans un spectacle pour enfants.
- Est-ce que tu ____ de la guitare ?

5

montre | montrent | montres

- Tu me ____ comment faire du vélo ?
- Elles ____ leur dessin à la maitresse.
- J'ai perdu ma ____ à la piscine.

- Tiens, ma ____ s'est arrêtée !
- Le guide ____ le chemin aux promeneurs.
- Il y a des ____ dans la vitrine de l'horlogerie.

Pour aller plus loin

- **Observe bien les mots ci-dessous.**
- **Invente des phrases amusantes avec ces mots, comme dans l'exemple.**

Exemple : *Lily lit dans son lit.*

souris – sourit – sourient
classe – classes – classent

touche – touches – touchent
mouche – mouches – mouchent

lis – lit – lits
bois – boit

Je construis **le passé composé**

Pour commencer

- **Observe ces étiquettes. Reconnais-tu les formes d'avoir au présent ?**
- **Forme le participe passé de plusieurs verbes en associant une étiquette radical (rose) et une étiquette terminaison (bleue).**

Étiquettes (avoir) : ai, as, a, avons, avez, ont

Étiquettes (radical) : chant, jou, cour, répond, fin, l, arros, applaud, entend, mang, grand

Étiquettes (terminaison) : é, i, u

- **Choisis une étiquette de chaque couleur pour construire un verbe au passé composé. Ensuite, utilise ce verbe dans une phrase.**

Exemple : J' ai répond u à la maitresse.

- **Recommence en changeant d'étiquettes.**

Pour s'entrainer

Complète la phrase avec le verbe (dans l'étiquette) conjugué au passé composé.

1

regarder	• Ils ______ la télé avant d'aller se coucher.
courir	• On est essoufflé, parce qu'on ______ dix minutes.
être	• Vous ______ absents pendant cinq jours.
renverser	• Les chatons ______ un vase.
boire	• J'avais très soif, j' ______ un grand verre d'eau.

Pour t'aider

Les formes du passé composé

je, j'	ai	chant **é**	nous	avons	chant **é**
tu	as	réfléch **i**	vous	avez	réfléch **i**
il, elle, on	a	cour **u**	ils, elles	ont	cour **u**

2

planter
germer
grandir
chanter
trier
entendre

- J' ______ une graine de haricot, et la graine ______.
- Depuis l'année dernière, j' ______ de 5 centimètres.
- Tu ______ bien ______, l'autre jour, au spectacle.
- Hier, elles ______ leurs vieux jouets.
- Robert ______ le téléphone sonner.

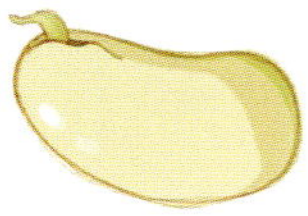

3

réussir
essayer
atterrir
avoir
retrouver

- J' ______ à finir ce puzzle.
- Tu n' ______ pas ______ ton nouveau pull.
- L'avion ______ il y a cinq minutes.
- Nous ______ très peur dans le train fantôme !
- J' ______ enfin ______ mon robot.

4

choisir
finir
raconter
voir
visiter

- Je n' ______ pas encore ______ de livre à la bibliothèque.
- Tu peux aller jouer parce que tu ______ tes devoirs.
- Vendredi dernier, la maitresse ______ une histoire.
- Vous n' ______ jamais ______ de sanglier.
- Lundi dernier, les CM2 ______ un musée.

Je construis
le passé composé

Complète la phrase avec le verbe (dans l'étiquette) conjugué au passé composé.

5

avoir	• Hier soir, j' ______ du mal à m'endormir.
oublier	• Lundi soir, tu ______ ton manteau chez moi.
arrêter	• Le policier ______ le voleur ce matin.
jouer	• Hier, nous n' ______ pas ______ à la console.
terminer	• Vous n' ______ pas ______ votre dessert.

6

manger	• Nous n' ______ jamais ______ d'escargots.
finir	• Certains élèves n' ______ pas ______ leur travail.
gagner	• Ce samedi, les basketteurs ______ le match.
voir	• Hier soir, vous ______ un feu d'artifice.
dormir	• Samedi dernier, Luce ______ chez une amie.

Pour aller plus loin

Avec les étiquettes qui te sont proposées, invente une phrase. Les verbes seront tous au passé composé.

Exemple : poules chanter pondre coq

→ Le coq **a chanté**, les poules **ont pondu**.

gagner Marseille Paris perdre

sœur soupe grandir manger

loir dormir printemps réveiller

manger boire tisane chocolat nous

chanter public applaudir Pierre et Lison

Je découvre **des phrases avec ou sans compléments du verbe**

Pour commencer

• Observe cette activité réalisée par un élève.

Philémon rougit.	Ça va, il n'y a pas besoin d'un complément.
Manon fait la sieste.	J'ai ajouté un complément parce que la phrase «Manon fait» ne voulait rien dire.
Le petit chat se réveille.	Ça va, la phrase est correcte.
Léa et Julie se disputent.	Il n'y a pas besoin de complément.
Karim a dépensé.	La phrase est complète.
Les enfants lancent des boules de neige.	«Les enfants lancent», il manquait quelque chose.
Maman achète.	Ça va.

– Peux-tu expliquer ce qu'il fallait faire?
– Es-tu d'accord avec toutes les propositions de cet élève?
– Rectifie au besoin son travail.

• À ton tour, ajoute un complément au verbe quand la phrase n'est pas complète.

Le chaton ronronne.	
L'arbre a perdu.	
La porte grince.	
Mon petit frère a.	

Pour s'entrainer

Recopie ces phrases et ajoute un complément aux verbes quand c'est indispensable.

Aide-toi des dessins et n'oublie pas les points à la fin des phrases !

1

- La neige a fondu
- Toute la famille cueille
- Le ballon a roulé
- Mattéo fait
- Le temps va changer
- Je caresse

Je découvre **des phrases avec ou sans compléments du verbe**

2

- Karim et Zoé bavardent
- J'arrache
- Nicolas met
- Le bébé s'est endormi
- Je remplis
- J'ai besoin

4

- Les abeilles bourdonnent
- Ma petite sœur pleurniche
- Sabrina ouvre
- Mon chat voit
- Le soleil brille
- J'ai cassé

6

- La voiture freine
- Les fleurs fanent
- Sophie attache
- Le pneu se dégonfle
- Elle fait
- L'araignée tisse

Pour t'aider

3

- Nous allumons
- Mon grand-père ronfle
- Papa fait
- Oscar se mouche
- L'alpiniste transpire
- Le mécanicien répare

5

- La petite fille sourit
- Jean-Pierre se sert
- Les élèves travaillent
- J'apprends
- Camille tousse
- Clara se brosse

7

- La grenouille coasse
- Le maçon construit
- Mon grand-père éternue
- Maman embrasse
- Corentin porte
- La porte de l'entrée grince

Pour aller plus loin

- **Dans ce texte, tous les compléments ont été mélangés. Change la place des compléments pour écrire un texte qui a du sens.**

Tous les matins, je me réveille le journal
puis je me lève les dents
je prends
je m'habille un bon café
je bois mon chapeau
je mange
je lis une douche
je me brosse
je me coiffe
je mets deux tartines de beurre
et enfin, je sors.

- **Fais la liste des verbes (à l'infinitif) qui n'ont pas besoin de complément du verbe.**

Je conjugue **les verbes *faire* et *dire***

Pour commencer

Dans les phrases suivantes, repère les verbes conjugués, puis écris leur infinitif et le temps utilisé (présent, futur, imparfait, passé composé).

Pour s'entrainer

Complète les phrases avec les verbes faire et dire correctement conjugués. Aide-toi des tableaux de conjugaison.

Pour t'aider

Les terminaisons du présent		Les terminaisons de l'imparfait	Les terminaisons du futur	Les formes du passé composé
fais	dis	ais	rai	ai
fais	dis	ais	ras	as
fait	dit	fais / dis + ait	di / fe + ra	a + fait
faisons	disons	ions	rons	avons + dit
faites	dites	iez	rez	avez
font	disent	aient	ront	ont

Je conjugue **les verbes *faire* et *dire***

Complète les phrases avec les verbes faire et dire correctement conjugués. Aide-toi des tableaux de conjugaison p. 103.

1

- J'ai préparé une surprise, mais je ne leur ______ pas ______.
- Quand ils venaient chez nous, ils ______ des bêtises !
- Ils ont menti, ils n'______ pas ______ la vérité.
- Hier, ils ______ une tarte et demain ils ______ un gâteau.
- « Qu'est-ce que vous ______ ? Mais c'est impossible ! »
- Voici ma spécialité : vous m'en ______ des nouvelles !

2

- Vous ______ vos devoirs dès que vous aurez un peu de temps.
- Qu'est-ce que tu ______ la semaine dernière ?
- Quand tu auras choisi un livre, tu me le ______.
- Ces gens naïfs croient tout ce que vous ______ !
- La nuit était en train de tomber, il ______ de plus en plus froid.
- Léa n'______ pas encore ______ sa poésie, elle la ______ demain.

3

- Élisabeth, qu'est-ce que vous ______ ?
- L'année prochaine, je ______ de l'escalade.
- Vous irez chercher du bois et nous, nous ______ le feu.
- Autrefois, les savants ______ que la terre était plate !
- Je ne savais pas que vous ______ du tennis.
- Qu'est-ce que mes parents ______ quand ils verront ça ?

4

- Je n'ai pas bien compris ce que vous ______ tout à l'heure.
- On ne pouvait pas croire Emma, elle ______ souvent n'importe quoi.
- Qu'est-ce que tu ______ quand tu seras grand ?
- Dans ma famille, nous ______ « non » au tabac !
- C'est délicieux, vous ______ très bien la cuisine !
- Tu ______ souvent des grimaces, tu es rigolo !

Je maitrise **la terminaison des verbes au présent**

Pour s'entrainer

Utilise le **tableau des terminaisons** du présent sur ton **aide-mémoire**, leçon n° 17.

- **Dans la colonne de gauche, entoure les verbes au présent et souligne leur sujet.**
- **Dans la colonne de droite, complète les verbes et entoure leur sujet.**

1

À l'envers

J'entre dans ma voiture,
ils en sortent.
J'accélère,
ils ralentissent.
Je freine,
ils repartent.

Je me gar___ ,
ils sort___ du parking.
J'allum___ mes phares,
ils éteign___ les leurs.
Je démarr___ ,
ils arrêt___ leur moteur.
Je me demand___ pourquoi
ils conduis___ tous à l'envers !

2

Dialogue

« Comment t'appelles-tu ?
– Je m'appelle Désiré.
– Quel âge as-tu ?
– Je n'ai pas encore d'âge.
– À quoi penses-tu ?
– Je passe mon temps à rêver.
– À quoi ressembles-tu ?
– Je ressemble à un poisson.

– Que fai___ -tu en ce moment ?
– Je suc___ mon pouce.
– Est-ce que tu ___ faim ?
– Je n'___ ni faim, ni soif.
– Où habit___ -tu ?
– J'habit___ dans ton ventre.
– Tu ___ mon bébé ?
– Oui, et tu ___ ma maman. »

3

Les poux

Ils arrivent
un beau matin.
Ils te piquent,
tu te grattes ;
ils te sucent,
ils t'attaquent.

Ils t'agac___ ,
toi, tu craqu___ ,
tu te fâch___
et tu pass___ le peigne fin.
Ils se sauv___ sur la tête du voisin.
Enfin !

Je maitrise **la terminaison des verbes au présent**

- **Dans la colonne de gauche, entoure les verbes au présent et souligne leur sujet.**
- **Dans la colonne de droite, complète les verbes et entoure leur sujet.**

4

Le copieur

Tu parles quand je parle
tu joues quand je joue,
tu chantes quand je chante,
tu me ressembles,
je te ressemble.

Si je me gratt____ le nez,
tu te gratt____ le nez.
Si je tir____ la langue,
tu tir____ la langue,
mais quand tu lèv____ la main gauche,
je lèv____ la main droite.
Normal, tu es mon reflet dans le miroir !

5

Au jardin

Les pommes murissent,
les tomates rougissent
et toi, tu ratisses
l'allée du jardin.
Un escargot glisse
sur un pissenlit.

Les poireaux grossiss____,
ils grandiss____ aussi !
Les soirées fraichiss____,
les jours racourciss____,
tu arrach____, ho ! hisse !
deux ou trois radis. C'est le paradis !

6

Bizarre

Quand je chante
comme une corneille,
quand tu composes une chanson,
nos parents se bouchent
les oreilles
et Mamie quitte le salon.
Bizarre...

Quand tu enlèv____ tes chaussettes,
quand je me gratt____ les doigts de pied,
nos parents ouvr____ les fenêtres
et Papi se bouch____ le nez.
Bizarre...

Je reconnais **les classes de mots**

Pour commencer

- **Écris une phrase en utilisant les mots de toutes les étiquettes.**
- **Puis écris D sous les déterminants, N sous les noms, Adj sous les adjectifs et V sous les verbes.**
- **Enfin, surligne en vert les articles définis, en orange les articles indéfinis, en rose les autres déterminants.**

magique. | La | agite | gentille | sa | fée | baguette

Pour s'entrainer

- **Écris une phrase en utilisant les mots de toutes les étiquettes.**
- **Puis écris D sous les déterminants, N sous les noms, Adj sous les adjectifs et V sous les verbes.**

1

Mon | gamelle. | petit | a renversé | sa | chien

2

étourdie | La | fillette | ses | lunettes. | a oublié

3

ours | des | observe | bruns. | Le | photographe

4

Les | ont cueilli | des | magnifiques. | fleurs | promeneurs

Je conjugue **le verbe *prendre***

Pour commencer

Dans les phrases suivantes, repère les verbes conjugués, puis écris leur infinitif et le temps utilisé (présent, futur, imparfait, passé composé).

Pour s'entrainer

Complète les phrases avec le verbe prendre correctement conjugué. Aide-toi des tableaux de conjugaison p. 109.

1

- Sabine est passée par ce petit sentier, elle _____ un raccourci.
- On s'arrêtera à la prochaine station et on _____ de l'essence.
- À la cantine, les grands _____ toujours les meilleurs morceaux !
- Zoé est absente, tu lui _____ ses devoirs pour demain.
- « Est-ce que tu _____ déjà _____ ta douche ?
  – Non, je la _____ ce soir. »

Pour t'aider

Les terminaisons du présent		Les terminaisons de l'imparfait		Les terminaisons du futur		Les formes du passé composé	
pren	ds	pren	ais	prend	rai	ai	+ pris
pren	ds	pren	ais	prend	ras	as	+ pris
pren	d	pren	ait	prend	ra	a	+ pris
pren	ons	pren	ions	prend	rons	avons	+ pris
pren	ez	pren	iez	prend	rez	avez	+ pris
prenn	ent	pren	aient	prend	ront	ont	+ pris

2

- Mes grands-parents avaient une ferme, ils ne ___ jamais de vacances.
- Je le trouve plus gros : est-ce qu'il ___ du poids ?
- J'___ mon temps et je suis arrivée au sommet !
- Vous ___ bien encore un peu de gratin ?
- Quand on dormait sous la tente tu ___ de la place !

3

- Au secours ! Des voleurs m'___ mes bijoux !
- Quand j'ai envie de chanter, je ___ ma guitare.
- Dès que tu peux, tu ___ un livre et tu le dévores.
- Les arbres dans la cour ___ trop de place, il faut les tailler.
- Quand nous avons visité Berlin, nous ___ plein de photos.
- Vous n'êtes pas pressés, vous ___ votre temps.

4

- L'année prochaine, Zahra ___ des cours de chant.
- Est-ce que tu ___ déjà ___ l'avion ?
- Les travaux ___ plusieurs mois, ils seront finis en septembre.
- Quand Nina taillait son rosier, elle ___ soin de ne pas se piquer.
- Est-ce que vous ___ déjà ___ votre déjeuner ?
- Quand tu auras réfléchi, tu ___ ta décision.

Je conjugue **les verbes *aller* et *venir***

Pour commencer

Dans les phrases suivantes, repère les verbes conjugués, puis écris leur infinitif et le temps utilisé (présent, futur, imparfait, passé composé).

Pour s'entrainer

Complète les phrases avec les verbes aller et venir correctement conjugués. Aide-toi des tableaux de conjugaison p. 111.

1

- Avant, garçons et filles n'______ pas dans la même école.
- Nous ______ au cinéma tous les samedis soir.
- Kenza est presque guérie, elle ______ beaucoup mieux. Si le médecin est d'accord, elle ______ en classe demain.
- Blanche-Neige chantait souvent : « Un jour, mon prince ______. »
- Si tu n'obéis pas, ça ______ mal pour toi !

Pour t'aider

Les terminaisons du présent		Les terminaisons de l'imparfait		Les terminaisons du futur		Les formes du passé composé	
vais	viens		ais		rai	suis	+ venu ou venue / allé ou allée
vas	viens		ais		ras	es	
va	vient	all	ait	i	ra	est	
allons	venons	ven	ions	viend	rons	sommes	+ allés ou allées / venus ou venues
allez	venez		iez		rez	êtes	
vont	viennent		aient		ront	sont	

2

- Maëlle et Agathe ____ à la gym sans leurs affaires !
- « Où ____ -nous ? – C'est une surprise ! »
- Mes cousins ____ au ski tous les ans dans les Vosges.
- Élisa et Abdel ____ de terminer leur puzzle.
- Je pourrai me lever quand j' ____ mieux.
- Puisqu'il ____ faire nuit, nous ____ nous promener demain.

3

- Dès qu'il nous a vus, le lièvre ____ se cacher dans son terrier.
- Tess et Félix ____ demain à la piscine.
- Vous n' ____ pas loin sans la clé de la voiture !
- Ma sœur est bronzée : elle ____ à la mer.
- Alice ____ au judo tous les samedis.
- Autrefois, Mamie ____ à l'école de filles et Papi à l'école de garçons.

4

- Ces gants m' ____ bien l'année dernière, mais ils ne me ____ plus.
- Vous ____ me voir quand j' ____ à l'hôpital.
- C'est Noël ! Le moment ____ d'ouvrir tes cadeaux !
- Si vous ____ en ville, achetez une baguette !
- Dès que tu auras fini, tu ____ te laver les mains !
- Si tu lances bien ta balle, elle ____ loin !

Je conjugue les verbes *pouvoir* et *vouloir*

Pour commencer

Dans les phrases suivantes, repère les verbes conjugués, puis écris leur infinitif et le temps utilisé (présent, futur, imparfait, passé composé).

Pour s'entrainer

Complète les phrases avec les verbes pouvoir et vouloir correctement conjugués.
Aide-toi des tableaux de conjugaison p. 113.

1

- Nous ne ______ pas rester, on nous attend ailleurs.
- Les diplodocus ______ mesurer 4 m de haut.
- Quand Sam était petit, il ______ être clown.
- Est-ce que tu ______ m'aider, s'il te plait ?
- Est-ce que tu ______ bien m'aider, s'il te plait ?
- Nous ______ partir en balade dès que la pluie s'arrêtera.

Pour t'aider

Les terminaisons du présent		Les terminaisons de l'imparfait		Les terminaisons du futur		Les formes du passé composé	
peu**x**	veu**x**		ai**s**		r ai	ai	
peu**x**	veu**x**	pouv	ai**s**	pour	r as	as	
peu**t**	veu**t**		ai**t**		r a	a	pu
pouv**ons**	voul**ons**		**ions**		r**ons**	avons	+ voulu
pouv**ez**	voul**ez**	voul	i **ez**	voud	r **ez**	avez	
peuv**ent**	veul**ent**		**aient**		r**ont**	ont	

2

- La rue était bloquée, on n' ____ pas ____ passer.
- Toute petite, elle ____ déjà jouer du piano.
- Tu feras tes devoirs dès que tu ____ .
- Mon frère ne ____ pas me prêter son vélo, car il en a besoin.
- Le renard est arrivé, mais les poules ____ se réfugier à temps.

3

- Je ne ____ pas t'aider maintenant, je suis occupé.
  Mais je ____ t'aider dans un quart d'heure.
- J'aurais pu leur expliquer l'exercice, mais ils n' ____ pas ____ .
- Les enfants sont épuisés, ils n'en ____ plus.
- Dans 5 minutes, on ____ aller en récréation.
- Le bus était en panne : il ne ____ plus rouler.

4

- Je ne ____ pas dormir, car je ne suis pas fatiguée.
- Je ne ____ pas m'endormir, il y a trop de bruit !
- Qu'est-ce que ça ____ dire, « une gourmette » ?
- Quand ils auront le permis, ils ____ conduire.
- Ils n'ont pas sonné car ils n' ____ pas ____ réveiller le bébé.
- Nous n' ____ pas ____ venir hier, on a fini tard.

Je maitrise **le singulier et le pluriel des noms**

Pour commencer

- **Observe bien ces images et lis les explications données par des élèves.**

c'est un livre plein de recettes :
un livr de recett

ce sont des légumes qui poussent dans la terre :
des pomm de terr

c'est un objet pour se brosser les dents :
une bross à de

ce sont des lunettes pour aller au soleil :
des lunett de solei

ce sont des gâteaux avec du chocolat :
des gâtea au chocola

Es-tu d'accord avec toutes les explications ?

- **Écris maintenant le nom en partie effacé de tous les objets en te demandant s'il est au singulier ou au pluriel.**

Pour s'entrainer

Complète ces groupes du nom, en partie effacés, en faisant attention au singulier et au pluriel.

1

une gla au chocol
des voitu de poli
du froma de montag
la fê des mèr

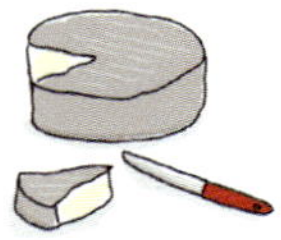

2

une tarti de confitu
des tuya d'arros
une aver de grêl
une pla de villa

3

un s… de noiset…
un sty… à plu…
des bat… de pêc…
un théât… de marionnet…

4

une tabl… de cuisi…
les port… de la mais…
des bull… de savo…
de la compo… de pom…

5

une chemi… à rayur…
des chemis… en cot…
des moucho… en papi…
des pati… à roulett…

6

une bross… à cheve…
des outi… de jard…
du suc… en morce…
la rentr… des class…

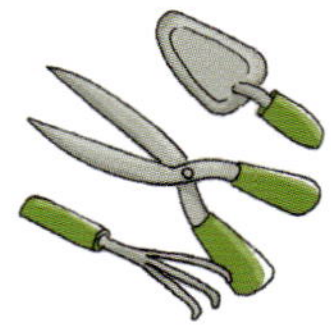

7

de la far… de b…
du suc… en poud…
une pai… de chausset…
une tempê… de nei…

8

des je… de cart…
un grou… de copin…
un bouqu… de fle…
deux paqu… de fari…

9

un b… à sab…
un coff… à joue…
une étoi… de me…
une for… de sapi…

Pour aller plus loin

- **Choisis des groupes du nom dans cette double page et amuse-toi à les mélanger.**

Exemple : une étoile de mer et des chaussures de sport

une étoile de sport et des chaussures de mer

- **Sélectionne les mélanges les plus étonnants !**

J'utilise
et, ou

Pour commencer

Complète ces phrases avec les mots invariables : et, ou.

- La chauvesouris dort le jour ___ chasse la nuit.
  Je me demande si le hibou chasse le jour ___ la nuit.
- « Tu veux la glace à la fraise ___ celle à l'orange ?
  – Je veux les deux : la glace à la fraise ___ celle à l'orange ! »
- L'année dernière, je faisais du pingpong ___ du tennis.
  Cette année, il faut que je choisisse, pingpong ___ tennis.

– Comprends-tu quand il faut utiliser ***et*** *?*

– Comprends-tu quand il faut utiliser ***ou*** *?*

Pour s'entrainer

- **Complète ces phrases avec et, ou.**
- **Dans la dernière phrase, aide-toi des dessins pour trouver les mots manquants.**

1

- Tu es droitier ___ gaucher ?
- « On joue aux gendarmes ___ aux voleurs ?
  – D'accord, tu veux être gendarme ___ voleur ? »
- Une porte ne peut pas être fermée ___ ouverte en même temps.
-  *La lune ___ brillent dans le ciel.*

2

- Le boulanger a annoncé la prochaine fournée dans une heure ___ deux.
- J'arrive à danser ___ à chanter en même temps.
- Est-ce que tu joues de la guitare ___ du piano ?
- Mes deux couleurs préférées sont le rouge ___ le vert.
-  *Irons-nous à Paris en train ___ ?*

3

- On a vu un vieux film en noir ___ blanc.
- Il viendra avec Lucas ___ son amie.
- J'aime les films qui font à la fois rire ___ pleurer.
- Pour cette question, il faut répondre vrai ___ faux.
-  *Il faut choisir : une sucette ___.*

4

- « Sur ta tartine, tu préfères du beurre ___ de la confiture ?
  – Je veux les deux, beurre ___ confiture ! »
- Les cerises ___ les fraises sont mes fruits préférés.
- J'ai deux animaux chez moi : un chat ___ un chien.
- 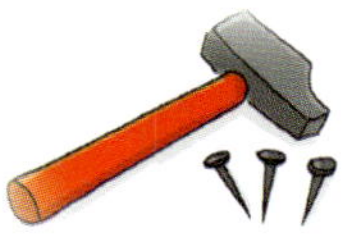 *Pour réparer ma cabane, j'ai besoin d'un marteau ___.*

5

- Il fait bon aujourd'hui, mets un débardeur ___ un teeshirt.
- On partira en vacances dans un ___ deux jours.
- Papa ___ maman viendront tous les deux me chercher.
-  *Qu'est-ce que tu préfères : la viande ___ ?*

Pour aller plus loin

Les **homonymes** sont des mots qui se prononcent pareil mais s'écrivent différemment.

- **Cherche ces homonymes dans le dictionnaire, si tu n'es pas sûr/sure de les connaitre.**
- **Puis place-les dans les phrases ci-dessous.**

ⓐ **houx, ou, où, houe, hou ?**

- Je cueille du ___ pour le nouvel an.
- La ___ est un outil de jardinier.
- Je me demande ___ il va.
- ___ ! ___ ! Je suis un fantôme !
- Je crois qu'il a sept ___ huit ans.

ⓑ **et, est, hé, ai, es ?**

- Je peins ___ je décore l'œuf de Pâques.
- J'___ trop chaud.
- Tu ___ plus grand que moi.
- ___, toi là-bas, viens par ici !
- Il ___ midi.

J'utilise **à, là, où**

Pour commencer

- **Observe.**

– Où vas-tu ?
– Je vais à la piscine.

– Où es-tu ?
– Je suis là !

*Comprends-tu pourquoi on a ajouté un doigt pointé au-dessus des accents dans les mots **à, là, où** ?*

- **Observe et lis.**

1 Je me demande ___ il va : ___ la cave, ___ la cuisine, ___ la salle de bains ?

2 – Regarde, ___-bas, ___ l'entrée du terrier… un petit lapin !
– ___ ça ?
– ___, ___ gauche du grand sapin !

- **Complète ces phrases avec les mots qui manquent.**

Pour s'entrainer

Complète ces phrases avec à, là, où.

1

- « Je ne sais plus ___ j'ai mis mes clés.
  – Elles sont ___, sur la table ! »
- « Le furet est passé par ici, il repassera par ___. »
- Ce pull est trop petit, mais celui-___ me va bien.
- Irez-vous en vacances ___ la mer ou ___ la montagne ?

2

- Il part en vacances ___ Saint-Malo.
- « Tu habites ___ ?
  – J'habite ___ Lyon. »
- Tu veux une glace ___ la fraise ou ___ la vanille ?
- Tu as fait trois erreurs : ici, ___ et ___.

3

- « … as-tu mal ?
  – J'ai mal … la tête. »
- Médor, viens … ! Donne la papatte … la dame !
- Je t'attendrai … six heures, … l'angle de la rue.
- J'aimerais vivre … La Réunion, … il fait toujours beau.
- Ici, c'est la machine … laver, et …, c'est la machine … café !

4

- Je me demande … il se cache.
- Quand je ne vais pas … l'école, je reste … la maison.
- « Je ne trouve plus mon stylo.
  – Il est …, sous ta chaise ! »
- Il y a un écureuil, …-bas, dans l'arbre.
- « … cours-tu si vite ?
  – Je vais … l'école de musique. »

5

- « Je m'assieds … ?
  – Assieds-toi …, sur cette chaise. »
- J'habite … la campagne.
- « Attention … la marche !
  – Une marche ? … ça ?
  – Mais …, juste devant toi ! »
- Des papiers trainent ici et … dans la cour.

Pour aller plus loin

- **Observe ces étiquettes : les deux mots se ressemblent, mais n'ont pas le même sens.**

où	ceci **ou** cela

- **Recopie et complète ces phrases avec où, ou.**
  - Je ne sais pas … il habite.
  - … veux-tu aller ?
  - Préférez-vous la pizza … la purée ?
  - Voici la maison … je vivais autrefois.
  - … as-tu mis mon parapluie ?
  - Il rentrera dans un jour … deux.
  - On joue aux billes … aux cartes ?
  - J'ai deux … trois euros.
  - « … sont tes chaussons ?
  - Sous mon bureau … sous mon lit. »

Je choisis *-en* ou *-enn*, *-et* ou *-ett*, *-el* ou *-ell*

Pour commencer

• Observe.

Des élèves ont commencé à découper ces mots en syllabes écrites.

en re | tard — ils pren | nent — elles ap | pel | lent

une pochette — nous prenons — vous appelez — une guenon

un melon — une chienne — elle jette — nous jetons — une pelle

• Continue ce travail.

– Peux-tu trouver une manière de classer ces mots ?

*– Peux-tu expliquer pourquoi ces mots s'écrivent avec un ou deux **n**, un ou deux **l**, un ou deux **t** ?*

Pour s'entrainer

Écris les mots en gris en les complétant avec -n ou -nn, -t ou -tt, -l ou -ll.

1

-n/-nn
- Quelles chaussures préfères-tu, les mie…es ou les tie…es ?
- Une gue…on est venue s'assoir sur mes ge…oux.

-t/-tt
- Ils je…ent des pelle…ées de terre dans la broue…e.

-l/-ll
- Cette demoise…e s'appelle Isabe…e.
- Les sate…ites tournent éterne…ement dans le ciel.

2

-t/-tt
- Au vide-grenier, vous avez ache…é une casque…e et une vieille cafe…ière.
- La ferme…ure de ma brague…e est cassée.

-n/-nn
- Vous compre…ez tout mais eux, ils ne compre…ent rien !
- Le re…ard est l'e…emi du fermier, c'est une me…ace pour ses poules.

-l/-ll
- J'observe une libe…ule avec mes jume…es.

3

-l/-ll
- Vous épe…ez les consonnes et les voye…es.

-t/-tt
- Qui a je…é des sale…és sous la banque…e ?
- Pas besoin de coque…ier pour manger une omele…e !

-n/-nn
- Fabie…e est devenue pharmacie…e.
- Vous appre…ez le te…is.

4

-n/-nn
- En appre…ant le piano, j'espère devenir musicie…e.
- Une gre…ouille n'a pas d'ante…es !

-t/-tt
- L'Angle…erre n'est pas très loin de la région de Bre…agne.

-l/-ll
- La nouve…e élève est très inte…igente.
- Ces drôles de brace…ets portent des gre…ots.

5

-n/-nn
- Les prome…eurs pre…ent le sentier, puis ils revie…ent par le chemin du village.

-t/-tt
- Ils reme…ent leurs lune…es.
- Les noise…es poussent sur les noise…iers.

-l/-ll
- Au menu, il y a du me…on, du poisson et des tarte…ettes.
- Made…eine a déchiré l'enve…oppe, puis l'a mise à la poube…e.

Pour aller plus loin

Recopie et complète ce petit poème avec des verbes qui riment.

Quatre heures

Voici Ninon et Fabienne :
De l'école elles rev…
Voici Fabienne et Ninon :
« De l'école, nous rev… ! »

Voici deux autres demoiselles :
Sais-tu comment elles s'app… ?
« Isabelle et Madelon,
Voilà comment nous nous app… ! »

Voici Gaston et Juliette :
Sur le gouter, ils se j… !
Voici Juliette et Gaston :
« Sur le gouter, nous nous j… ! »

Je choisis
g, *ge* ou *gu*

Pour commencer

Observe.
Une élève a classé des mots dans ce tableau.

rouge la plage gémir	fragile une guirlande une bougie	un plongeon une nageoire un dragon nous mangeons	une orangeade changeant	
une vague une baguette guérir	une guitare une girafe le guidon une guirlande	le gouter gourmand rigolo	une gare regarder un garçon	une virgule un légume une bague

– Comprends-tu son classement ? Es-tu toujours d'accord avec elle ?

– Rectifie les erreurs que tu as remarquées.

Pour s'entrainer

Écris les mots en gris en les complétant avec g, ge ou gu.

1

- Nous na_ons dans le _rand bain.
- Le maitre na_eur nous re_arde depuis la pla_e.
- Les lé_umes poussent dans le jardin pota_er.
- Les _rimpeurs sont fati_és, ils se reposent dans la nei_e.
- _énial, j'ai _agné le _ros lot : un voya_e au Séné_al !

2

- Hu_es dé_uste un _âteau à l'oran_e.
- La queue du chien _igote comme une petite mer_ez !
- Au zoo, j'ai vu une _irafe, des _orilles, un ti_re, des kan_ourous mais pas de dra_on !
- Le ber_er a vu un _ros san_lier près de cette _rotte.
- J'ai acheté une _irlande dans un ma_asin près de la _are.

3

- J'ai _ommé une vir_ule et un accent ai_u en corri_ant ma dictée.
- Le ma_icien fait bou_er sa ba_ette ma_ique.
- _ustave a le visage rou_i par le vent _lacial.
- Ce _arçon est très a_ile en _ymnastique.
- Le poisson rou_e a des petites na_oires.

4

- La ci_ogne blanche man_e une _èpe.
- Je ran_e ma _itare au _renier.
- Les mar_erites poussent près des fou_ères.
- _illes est un _arçon souriant et intelli_ent.
- La nei_e et la _lace recouvrent les ré_ions les plus froides du _lobe.

5

- Le ti_re est pris au piè_e : il ru_it et sort ses _riffes.
- _aspard fait le _ignol sur le plon_oir. C'est dan_ereux !
- J'ai _outé ce froma_e avec une croute oran_e : c'est du _ouda.
- Souvent, plus les _ens sont â_és, plus ils ont de la sa_esse.
- Derrière la _ran_e, les cerisiers du ver_er sont couverts de bour_ons.

Pour aller plus loin

Aide-toi d'un dictionnaire si nécessaire.

- **Observe ces couples de mots écrits en majuscules : certains sont des verbes conjugués, d'autres ont un accent… Lis-les et trouve leur sens.**
- **Puis invente une phrase avec chacun d'eux.**

GEORGE –	GORGE	LARGE –	LARGUE
GEANT –	GANT	MANGE –	MANGUE
GEAI –	GAI	FIGE –	FIGUE
LEGER –	LEGUER	ÉTRANGE –	ÉTRANGLE
LONGE –	LONGUE	LANGE –	LANGUE

Je choisis **s** ou **ss**

Pour commencer

Observe bien cette liste de mots et classe-les en trois colonnes.

un insecte — un biscuit — une fraise — une laisse — une chaise

la lessive — il glisse — un moustique — une tasse — elle danse

une averse — une chemise — une brosse — une ardoise

*Comprends-tu quand il faut utiliser **s** ou **ss** ?*

Pour s'entrainer

Écris les mots en gris en les complétant avec s ou ss.

1

L'été, c'est la _ai_on des ceri_es _ucrées, des frai_es et des pa_tèques juteu_es. J'hé_ite entre les gro_eilles et les framboi_es, mais finalement je choi_is les ceri_es qui sont appéti_antes, elles au_i !

2

Ce sont les _oldes ! Dans le maga_in, les clients se bou_culent, choi_i_ent des chau_ettes ou un blou_on, e_aient une chemi_e ou une ve_te, et se pou_ent pour pa_er à la cai_e. Les vendeu_es sont épui_ées !

3

Au jardin, les ro_es ont pou_é et les a_perges ont gro_i. Les frai_es ont be_oin d'eau, je vais les arro_er et rati_er l'allée. Les taupes ont creu_é des trous dans la pelou_e. Les pi_enlits envahi_ent l'herbe : je vais pa_er la tondeu_e !

4

À la cui…ine, c'est l'heure de la vai…elle : je bro…e les ta…es, les ca…eroles et les a…iettes à de…ert. La mou…e m'éclabou…e. En…uite, je pa…e la vai…elle à Li…a pour qu'elle l'e…uie. Puis O…car va la ranger dans le …alon.

5

Dans la cla…e, Méli…a range ses ci…eaux dans sa trou…e, Loui…e cherche un …tylo dans son ca…ier, E…téban amu…e sa voi…ine en lui di…ant des bêti…es, Éli…e de…ine sur son ardoi…e et Bapti…te illu…tre une poé…ie.

6

Dans le bui…on, le héri…on montre le bout de son mu…eau et ob…erve autour de lui. Il part à la cha…e aux in…ectes. Le ro…ignol se po…e près du rui…eau. L'e…cargot gli…e sur la mou…e. Je croque une noi…ette et rentre à la mai…on.

7

Dans le grenier, en haut de l'e…calier, j'ai trouvé deux vali…es gri…es et pou…iéreu…es, un va…e ca…é, deux cou…ins u…és, quelques chai…es vertes, une cai…e pleine de vieux ti…us… Mais hélas, pas de tré…or !

Pour aller plus loin

Aide-toi d'un dictionnaire si nécessaire.

- **Lis ces couples de mots écrits en majuscules et trouve leur sens.**
- **Puis invente une phrase avec chacun d'eux.**

POISSON	–	POISON	BASSE	–	BASE
COUSSIN	–	COUSIN	CROISSANT	–	CROISANT
RUSSE	–	RUSE	VISSER	–	VISER
DESSERT	–	DÉSERT	EMBRASSER	–	EMBRASER

J'accorde **l'adjectif avec le nom** (1)

Pour commencer

- **Lis l'histoire de monsieur Tordu.**

Monsieur Tordu est tout tordu. Ses jambes sont tordues, ses bras sont tordus, il a le nez tordu et les oreilles tordues. Quand il parle, ses phrases sont tordues car sa langue aussi est tordue. Il mange des haricots tordus avec une fourchette tordue et un couteau tordu.

*Peux-tu expliquer pourquoi **tordu** ne s'écrit pas toujours de la même façon ?*

- **Complète la fin du texte avec l'adjectif tordu, en faisant attention aux accords.**

Il dort dans un lit ______ et s'assoit sur des chaises ______ :
pas étonnant que son dos soit aussi tout ______ ! Et bien sûr,
avec toutes les idées ______ qui sortent toujours de son cerveau ______,
il ne prononce que des mots ______ !

Pour s'entrainer

Complète l'histoire avec l'adjectif qui convient.

1

affreux — affreuse — affreuses

Madame Affreuse est vraiment ______ : elle porte des vêtements ______, des chaussures complètement ______ et même un parapluie ______. Elle a d'______ amies qui lui font des farces ______. Un jour, elles avaient mis d'______ araignées dans son ______ chapeau : quand elle a mis l'______ chapeau sur ses ______ cheveux, elle a senti d'______ petites chatouilles et elle a poussé des cris ______.

2

spécial — spéciale — spéciaux — spéciales

Monsieur Spécial est très ______. Il a des lunettes ______ pour voir la nuit, un chapeau ______ qui cache son visage, des chaussures ______ pour marcher au mur, des gants ______ contre le froid. Il parle une langue ______ que personne ne connait. Il a des amis très ______, qu'il rencontre dans des endroits ______. Sa nourriture est ______ : il achète des pains ______ dans une boulangerie ______, et de la farine ______ pour ses gâteaux ______.

3

long | longue | longs | longues

Monsieur Long a un nez très ______. De plus, il aime tout ce qui est ______ : il porte des cheveux ______, ses pantalons sont trop ______, les manches de ses chemises sont trop ______. Même sa femme ne porte que des robes ______. Le matin, il prend une ______ douche puis, pour son ______ petit déjeuner, il achète un pain ______. Ses journées de travail sont très ______.

4

poilu | poilue | poilus | poilues

Monsieur Poilu est très ______ : bien sûr, ses bras et ses pieds sont ______, ses joues sont ______, mais ce qui est incroyable, c'est que même son nez est ______ ! Seuls ses yeux ne sont pas ______. Il ressemble tout à fait à un monstre ______ et ses mains ______ font penser à des pattes d'ours. Ses oreilles ______ l'empêchent de bien entendre et son dos ______ lui tient trop chaud en été.

5

ravissant | ravissante | ravissants | ravissantes

Madame Ravissante est absolument ______. Elle porte de ______ lunettes dorées et de ______ bracelets aux poignets. De sa voix ______, elle raconte de ______ histoires où de ______ princes se marient avec de ______ bergères. Elle vit dans une ______ maison et s'occupe de ses trois ______ enfants. Elle a aussi un ______ caniche qu'elle habille d'un ______ manteau.

Pour aller plus loin

À ton tour, invente une petite histoire avec l'un de ces personnages.

Monsieur Petit

Madame Grande

Madame Belle

Monsieur Bizarre

J'accorde **le verbe avec le sujet** (1)

Pour commencer

Observe bien ces dessins et lis ces phrases que des élèves ont rédigées pour décrire les quatre dessins.

1 

2 

3 

4 

a. Elles dansent pendant qu'il chante.

b. Il danse pendant qu'elles chantent.

c. Elle chante pendant qu'il danse.

d. Ils dansent pendant qu'ils chantent.

e. Elle écrit pendant qu'ils lisent.

f. Elles écrivent pendant qu'ils lisent.

g. Il lit pendant qu'elles écrivent.

h. Il écrit pendant qu'elle lit.

– Quels sont les dessins et les phrases qui vont ensemble ?

– Quelles sont les phrases qui ne vont avec aucun dessin ?

Pour s'entrainer

- **Observe ces dessins.**
- **À l'aide des mots proposés, écris une phrase pour chacun en faisant attention aux accords.**

1

se repos... sur la plage | se baign... | pendant qu' | elle | il | ils | elles

2

décor... le sapin | elle | il | ils

elles | emball... les cadeaux

pendant qu'

3

mont... | tien... l'échelle | pendant qu'

elle | il | ils | elles

4

f... un dessin | regard... des photos

pendant qu' | elle

il | ils | elles

5

plant... des graines | arros... les fleurs

pendant qu' | elle | il

ils | elles

Pour aller plus loin

Pour chaque proposition, invente quatre phrases, toutes différentes, en utilisant les deux expressions et les pronoms sujets il, elle, ils, elles.

ⓐ faire une buche de Noël – décorer le sapin

ⓑ prendre le bus – aller à l'école à pied

ⓒ venir en train – prendre l'avion

ⓓ descendre – monter

ⓔ apprendre une leçon – dessiner

Je choisis **c** ou **qu**

Pour commencer

Observe ces mots et classe-les en cinq colonnes.

un cube · complet · un bouquet · une cacahouète · la queue

quelquefois · chacun · encore · un requin · la cantine

bousculer · une équipe · quinze · mon copain · un cartable

*Comprends-tu quand il faut utiliser **c** ou **qu** ?*

Pour s'entrainer

Écris les mots en gris en les complétant avec c ou qu.

1

- Les volets cla…ent …el…efois, …and il y a du vent.
- Le …orbeau avale un …riquet tout …ru !
- Vi…tor s'est …assé le bras ! Vite, à la clini…e !
- Le bébé joue dans son par…, sur le par…et du salon.
- « Quelle est ta …ouleur préférée ?
  – Le vert …lair ! »

2

- Frédéri… est un garçon, mais Frédéri…e est une fille.
- Au zoo, un ma…a…e m'a bous…ulé pour me voler mes …a…ahouètes !
- La pastè…e a é…laté en tombant sur le par…et !
- Les Améri…ains vivent en Améri…e, les Afri…ains en Afri…e, les Maro…ains au Maro…, les Québé…ois au Québe…, les Mexi…ains au Mexi…e et les Tur…s en Tur…ie !

3

- L'es_argot rentre dans sa co_ille.
- _olin est in_iet parce qu'il a peur de man_er le bus.
- Ce _al_ul est compli_é, mais j'ai pres_e fini !
- Le vain_eur de la _ourse est champion olympi_e.
- Chasser les pho_es sur la ban_ise, c'est ris_é !

4

- La _eue du perro_et est superbe. _elles belles couleurs !
- Annabelle cro_e un _arré de cho_olat.
- Pour_oi te mo_es-tu de ma cas_ette ?
- Qu'est-ce que tu fabri_es dans le _artier ?
- Cha_e jour, je _ueille un panier d'abri_ots.

5

- Ça, c'est comi_e : le bou_ offre un bou_et à la bi_e !
- _oin-_oin ! cin_ante canards ca_ètent dans la _our ! _el bruit !
- Les _opains de _entin le ta_inent gentiment.
- Il y a des re_ins dans l'océan Atlanti_e.
- _amille a dé_ouvert son _adeau : c'est une belle baguette magi_e.

6

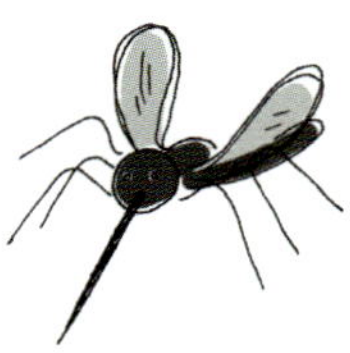

- J'ai ré_olté des _o_illages magnifi_es sur la plage.
- La ban_e est atta_ée par des bandits, les _lients pani_ent !
- Lors_e Mona se ma_ille en clown, elle fait rire le publi_ !
- Le mousti_e est un inse_te qui pi_e.
- On a trouvé des s_elettes d'hommes préhistori_es en Afri_e.

Pour aller plus loin

- **Cherche dans le dictionnaire les mots que tu ne connais pas.**
- **Invente des phrases avec ces mots.**

cric – crique	crac – craque	clic – clique
croc – croque	clac – claque	cloque – coque

Je choisis c ou ç

Pour commencer

Observe ces mots et classe-les en cinq colonnes.

Fais attention aux c et aux ç.

un Français | vous avanciez | ça | une limace | je suis déçu | merci | ils reçoivent | j'ai aperçu | de la ficelle | nous nous balançons | nous recevons | un maçon | un remplaçant | j'ai reçu | nous grimacions

Comprends-tu quand il faut utiliser c ou ç ?

Pour s'entrainer

- **Dans le ⓐ, observe le mot dans l'étiquette beige, puis écris les mots gris en les complétant avec c ou ç.**
- **Dans le ⓑ, écris les mots en gris en les complétant avec c ou ç.**

1

ⓐ remplacer → un rempla_ant ; il me rempla_e ; nous vous rempla_ons

ⓑ Le méde_in des urgen_es commen_a par pla_er un sac de gla_ons autour de la cheville du petit gar_on. « _a fait mal ! » dit celui-ci en grima_ant. Le méde_in lui annon_a qu'il avait _ertainement une entorse.

2

ⓐ grincer → grin_ant ; la porte grin_ait ; ça grin_e ; un grin_ement ; nous grin_ons

ⓑ Ce matin, nous avons un rempla_ant. Il rempla_e Mme Fran_ois, notre institutri_e. Lu_ie ré_ite la le_on de fran_ais pendant que Mar_el fait des grima_es en effa_ant le tableau. Le rempla_ant l'aper_oit : « Retourne à ta pla_e, et en silen_e ! » dit-il, très aga_é.

3

ⓐ

percer → je per…ais ; nous per…ons ; une per…euse ; transper…er ; tu per…es ; un cri per…ant

ⓑ La sor…ière mena…ante me fit une horrible grima…e.
Elle me lan…a un regard per…ant en fron…ant les sourcils.
Elle pronon…a une formule qui me gla…a le sang.
Puis elle me for…a à boire du jus de …itrouille à la lima…e !

4

ⓐ

se balancer → nous nous balan…ons ; il se balan…e ; elle se balan…ait ; une balan…e ; une balan…oire

ⓑ Ce commer…ant se trouve en fa…e du …entre commer…ial. Il vend
des bra…elets, de la fi…elle, des la…ets, du dentifri…e,
des hame…ons, des su…ettes a…idulées, des cale…ons et même
de déli…ieuses gla…es au …itron, à un euro et …inquante …entimes !

Pour aller plus loin

Recopie et complète ce poème. Attention, les mots riment deux par deux !

Drôles de cadeaux

Des pulls écossais
Pour les Fran…
Du saucisson
Pour le ma…
Un croissant
Pour le rempla…

Des masques grima…
Pour les passants
Des cale…
Pour les hérissons
Une salade ni…
Pour Françoise

Des hame…
Pour les poissons
Une balan…
Et une passoire
Pour Vict…
Et pour toi ?

Je choisis
-an ou *-am*, *-en* ou *-em*…

Pour commencer

Un élève a commencé à ranger des mots dans un tableau.
• **Observe.**

embêter | un pompier | une montre | l'entrée | impoli | elle chante
un timbre | le matin | une montagne | le président | une jambe

une lanterne . . .	. . .	interdit . . .	. . .
une lampe . . .	emmener . . .	. . .	tomber . . .

Comprends-tu sa façon de classer ?

• **Termine son classement.**

Pour s'entrainer

• **Dans le ⓐ, complète les mots avec les syllabes proposées.**
• **Dans le ⓑ, écris les mots en gris en ajoutant m ou n.**

1

ⓐ **em/en**

…dormi	…bêtant
…porter	…mener
…tendre	…prunter

ⓑ
- Ces cha…pigno…s sont vraiment bo…s.
- Je ma…ge une tra…che de ja…bo… .
- Il ma…que un ti…bre sur cette e…veloppe.

2

ⓐ **im/in**

…patient	…terdit
…primer	…mobile
…visible	…bécile

ⓑ
- Ma saiso… préférée, c'est le pri…te…ps.
- J'ente…ds l'a…bula…ce qui e…mène le blessé.
- Voici le nouveau cha…pion du mo…de.

3

a am/an

une …tilope	une …poule
une …bulance	un …glais
une …tenne	

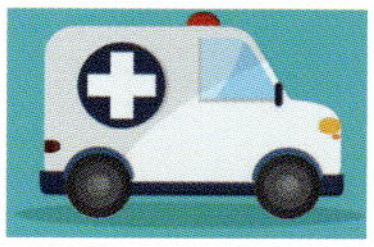

b

- Les tro…pettes, les ta…bours et les cy…bales jouent ense…ble.
- Les mouto…s ga…badent dans la mo…tagne.
- Le lio… fait la sieste à l'o…bre.

4

a om/on

une …bre	mon …cle
un …gle	une …brelle
…ze	

b

- Marius est i…prudent : il est to…bé en gri…pa…t dans le sapin.
- Si tu me traites d'i…bécile, tu m'i…sultes.
- L'i…primante est en panne, c'est e…bêta…t !

5

a com/con

un …pagnon	…tent
la …fiture	…pliqué
…fortable	…bien

b

- Ama…dine s'est tro…pée en co…ptant le no…bre d'a…poules sur la guirla…de.
- Les vaca…ces de pri…temps comme…cent ve…dredi.
- Le chi…panzé me tire la la…gue, quel i…poli !

6

a cham/chan

une …pionne	un …tier
une …son	une …bre
un …pignon	la …ce

b

- Mon o…cle Jules e…brasse mes cousins te…drement.
- Quel cha…tier dans ta cha…bre : i…possible d'e…trer !
- Je ne co…prends rien, c'est trop co…pliqué !

J'écris **les mots en *-ail*, *-eil*, *-euil*, *-ouil*, *-ille*...**

Pour commencer

• Observe ces étiquettes.

Il y a des verbes conjugués, mélangés à des noms au singulier, au pluriel, au féminin et au masculin.

ils se chamaillent — des filles — tu bâilles — elle me chatouille

des médailles — des écureuils — une grenouille — tu bafouilles

la pluie me mouille — une bataille — ils s'habillent — tu surveilles

elle travaille — un orteil — un épouvantail — du fenouil

elles gribouillent — des fauteuils

• Classe-les dans un tableau.

Verbes conjugués avec tu	Verbes conjugués avec il/elle	Verbes conjugués avec ...

Noms au masculin singulier	Noms au ...	Noms au ...	Noms au ...

Comprends-tu quand il faut utiliser **-ail, -aille, -ailles, -aillent, -eil, -eille, -euil, -ouil, -ouille...** *?*

Pour s'entrainer

• Lis les phrases et demande-toi si les mots en gris sont des noms féminins, des noms masculins ou des verbes conjugués.

• Puis écris-les en entier.

1

• Tu chatouil l'oreil de Mireil avec un brin de pai .
• Dans la rivière, les petits cailloux me gratouil les orteil .
• La corneil mange une chenil .
• Les chevreuil sautil dans les broussai .

2

- Tu as vu tellement de merve   que tu as l'œil qui br   !
- La pluie mou   la coqu   de l'escargot qui se réve
  sur la citrou   .
- Parfois, les trains déra   : ça veut dire qu'ils sortent des ra   .
- Je vais te donner un conse   : mets une pa   dans cette boute   .

3

- L'écureu   fou   dans les feu   mortes.
- Il y a trois fi   dans cette fam   .
- Il ne faut pas confondre les orte   et les ore   .
- L'angu   est un poisson sans éca   .

4

- Le chiot mord   une brind   .
- Tu ta   ton crayon avant de finir ton trav   .
- Le vieux port   en fer est couvert de rou   .
- Les bébés gazou   , mais parfois ils bra   !

5

- Voici une corbe   pleine de pain qui croust   .
- Le gor   a somme   : il bâi   derrière les gri   .
- Tu te réve   tôt pour admirer le lever du sole   .
- Je fou   ma chambre pour retrouver ma méda   .

6

- Le réve   sonne, les enfants se lèvent et s'hab   .
- Maman se maqu   avant de partir au trava   .
- Le soleil bri   sur la mare, les grenou   se réve   .
- Les saucisses gri   sur la gri   du barbecue.

Pour aller plus loin

Utilise chaque mot dans une phrase différente.
Attention aux terminaisons !

- travailles – travaille – travail – travaillent
- conseils – conseilles – conseil – conseille – conseillent
- réveil – réveille – réveillent – réveils – réveilles

J'utilise **le masculin, le féminin, le singulier et le pluriel**

Pour commencer

- **Lis puis complète ces textes.**

_____ est _____ de présenter les nouveaux candidats.
_____ deviendra le champion, tous les autres seront éliminés.
Que _____ gagne !

L'animateur est heureux de présenter _____.
Une seule deviendra _____, _____ seront _____.
Que la meilleure gagne !

- **Trouve dans ces textes un nom au masculin pluriel, un nom au féminin singulier, un nom au masculin singulier et un nom au féminin pluriel.**
- **Écris-les.**

Pour s'entrainer

Transforme les phrases pour qu'elles correspondent au dessin et écris-les.

1

a. La dessinatrice termine le portrait du célèbre acteur américain.

→ *Le dessinateur…*

b. Les bucherons se présentent à leur nouvelle cliente.

→ *Les…*

2

a. Les deux spectateurs, enchantés, admirent la célèbre magicienne.

→ *Les deux…*

b. Les danseuses, souples et agiles, accompagnent le beau chanteur.

→ *Les…*

3

a. Mon grand-père embrasse mes petites cousines.

→ *Ma…*

b. La vétérinaire, très concentrée, soigne le petit chat blessé.

→ *Le…*

4

a. La boulangère discute avec le fleuriste, son voisin.

→ *Le…*

b. La maitresse s'occupe des nouveaux élèves.

→ *Le…*

5

a. La coiffeuse pressée s'occupe de deux clients à la fois !

→ *Le…*

b. Le courageux dompteur dresse les lions, féroces et redoutables.

→ *La…*

Attention aux accords !

Pour aller plus loin

Écris quatre phrases différentes avec les mots de ce tableau : dans chaque phrase, il doit y avoir un mot de chaque colonne.

berger	inquiètes	cherchent	mouton	perdus
bergers	inquiet		moutons	perdu
bergère	inquiète	cherche		perdues
bergères	inquiets		brebis	perdue

J’accorde **le verbe avec le sujet** (2)

Pour commencer

• **À l’aide des dessins, écris les six phrases possibles en utilisant les mots proposés.**

bonjour | dit | disent | à | aux | la
gardienne | les | enfants | mamie

Peux-tu expliquer pourquoi le verbe change ?

• **Entoure les indices des chaines d’accord, comme dans cet exemple.**

Les enfants disent...

Pour s’entrainer

N’oublie pas **les majuscules** et **la ponctuation** !

Écris deux phrases différentes en choisissant bien les mots dans les étiquettes. Fais attention aux terminaisons des verbes !

1

Adèle | rêv... | Papi et Mamie | de voir

l'équilibriste | regard... | les acrobates

2

Romane | Aïcha et Mounir | accompagn...

font | Manon et Anaïs | fait
une grimace à | Tristan

3

connai… | ne | les nouveaux voisins | personne

tante Amélie | embrass… | les deux cousines

4

se dirig… | vers | les poussins | la poule

avec | les lionceaux | la lionne | se repos…

5

les cyclistes | crois… | sur la route | le camionneur

appell… | les deux clowns | le trapéziste

Pour aller plus loin

Il y a des phrases que l'on ne peut pas « retourner ».

Par exemple : Les voyageurs attendent le train, mais le train n'attend pas les voyageurs !

Sur le même modèle, complète les phrases suivantes.

- Tous les fans connaissent la chanteuse, mais…
- Parfois, la maitresse punit les élèves, mais…
- Le policier contrôle les automobilistes, mais…
- Tous les habitants de la ville connaissent monsieur le Maire, mais…
- Le médecin peut guérir les malades, mais…

J'utilise
a, ont, est, sont

Pour commencer

- **Récris ces phrases avec le sujet proposé.**

a. Mamie est en retard, elle n'a pas le temps de discuter avec la gardienne.
→ Maman et papa…

b. Julie et Zoé sont malades, elles ont une angine.
→ Mattéo…

c. Simon et Mila sont allés au ski : ils sont bronzés.
→ Max…

- **Entoure tous les verbes conjugués et écris leur infinitif.**

Connais-tu des mots qui ressemblent beaucoup à ces verbes conjugués ?

Pour s'entrainer

Attention aux accords au **singulier** ou au **pluriel** !

- **Complète la première phrase avec a, ont, est ou sont.**
- **Puis récris la phrase avec le sujet proposé et les formes verbales qui conviennent.**

1

- Leurs vêtements ____ tout mouillés, car ils ____ sauté dans une flaque d'eau.
→ Son pantalon…

- Nathan ____ déguisé en pirate : il ____ un bandeau sur l'œil.
→ Nathan et Hugo…

2

- Samia et David ____ la grippe, ils ____ au lit pour une semaine.
→ David…

- Émilie et Lana ____ allées au cinéma, elles ____ passé une bonne soirée.
→ Émilie…

Pour t'aider

avoir	être
il/elle **a**	il/elle **est**
ils/elles **ont**	ils/elles **sont**

3

- Le renardeau ___ sorti du terrier. Il ___ seulement un mois !
  ➜ Les renardeaux…
- Sacha et Paul ___ un piano, ils ___ passionnés de musique.
  ➜ Sacha…

4

- Lisa n'___ pas le vertige, elle ___ alpiniste !
  ➜ Lisa et Axelle…
- Mon oncle ___ pompier et il ___ très courageux.
  ➜ Mes oncles…

5

- Jérémy et Emma ___ punis, parce qu'ils ___ bavardé.
  ➜ Jérémy…

- Tom et Solène ___ judokas : ils ___ la ceinture verte.
  ➜ Solène…

Pour aller plus loin

Reconstitue ces phrases et complète-les avec les verbes qui conviennent.

Ils ___ en retard	parce que leur maman ___ couturière.
Elle ___ venue à pied	parce qu'il n'___ pas dormi depuis deux jours.
Elle ___ faim	parce qu'il ___ allé à la mer.
Elle ___ soif	parce qu'ils ___ joué dans la neige.
Il ___ sommeil	parce qu'il ___ déjà midi.
Ils ___ les joues rouges	parce que sa voiture ___ en panne.
Il ___ tout bronzé	parce qu'elle n'___ rien bu depuis ce matin.
Ils ___ bien habillés	parce qu'ils n'___ pas entendu le réveil.

J'utilise **e** ou **é** (e accent aigu)

Pour commencer

Recopie ces mots et découpe-les en syllabes écrites, comme dans l'exemple.

in | té | res | sant

électricité — téléspectateur — énervé

de l'essence — une célébrité — un éléphant — la sévérité

*– Comprends-tu pourquoi les **é** en orange ont un accent aigu ?*

*– Comprends-tu pourquoi les **e** en bleu n'ont pas d'accent ?*

Pour s'entrainer

- **Dans le ⓐ, découpe les mots en syllabes et ajoute un accent aigu sur le e, si c'est nécessaire.**
- **Dans le ⓑ, écris les mots en gris en ajoutant ou non un accent (é).**

1

ⓐ le dessin — le desert
un carre — une caresse

ⓑ • Le panier de legumes a roule dans l'escalier.
• J'ai ferme mon cahier pour reciter ma poesie.

2

ⓐ mechant — un message
se promener — un nenufar

ⓑ • Le routier s'est arrête pour faire le plein d'essence et boire un cafe.
• Le herisson croque un ver de terre pour son dejeuner.

3

ⓐ une veterinaire — intelligent
le dessert — desagreable

ⓑ • En ete, quel delice de dormir à la belle etoile !
• Mon chanteur prefere est passe ce soir à la tele : j'ai adore.

4

ⓐ un boulanger — un general
un telephone — le tennis

ⓑ • J'ai renverse mon bol de cereales au petit dejeuner.
• L'escargot effraye est rentre dans sa coquille.

5

ⓐ la lessive — des triples
la guerison — des spaghettis

ⓑ • On a lance des confettis pendant le defile de Carnaval.
• « Essuyez vos pieds avant d'entrer dans l'ecole ! »

Pour aller plus loin

Complète les phrases suivantes avec l'un des trois mots proposés.

Tu peux t'aider de ton aide-mémoire, leçon n° 16 !

• ranger / rangez / rangé
« ____ votre cahier et sortez en récréation ! »
Le linge est bien ____ dans l'armoire.
Hier après-midi, Victor a ____ sa chambre.

• pressez / presser / pressé
J'ai bu un jus de citron ____ .
« ____-vous un peu », demande la maitresse.
C'est moi qui vais ____ sur le bouton de l'ascenseur.

• goutez / gouté / gouter

« Les enfants, c'est l'heure de ____ ! »
Une fois, j'ai ____ une glace au melon.
« ____-moi ça, vous m'en direz des nouvelles ! »

J'accorde **l'adjectif avec le nom** (2)

Pour commencer

• **Observe l'activité commencée par un élève.**

Par un *beau* matin d'automne,

Oscar a trouvé un chien *abandonné*

dans le *petit* bois à la sortie du village.

Il l'a ramené à la maison,

lui a donné un bol de *délicieuses* croquettes,

de l'eau dans une gamelle *fraiche*,

et l'a installé dans un panier.

Le chien a trouvé une famille !

- abandonné – abandonnée – abandonnés – abandonnées
- beau – belle – beaux – belles
- cabossé – cabossée – cabossés – cabossés
- confortable – confortables
- délicieux – délicieuse – délicieuses
- frais – fraiche – fraiches
- mignon – mignonne – mignons – mignonnes
- nouveau – nouvelle – nouveaux – nouvelles
- petit – petite – petits – petites
- plein – pleine – pleins – pleines

Comprends-tu ce qu'il fallait faire ?

• **Corrige le travail de cet élève, puis termine-le en ajoutant d'autres adjectifs choisis dans le cadre de droite.**

Pour s'entrainer

Ajoute des adjectifs au texte. Écris-les au bon endroit en choisissant bien leur forme, comme dans l'exemple.

1

Une *petite* souris courait dans l'herbe. Elle s'arrêta près d'une maison, regarda par la fenêtre et entra. Un garçon était assis dans un fauteuil, il lisait une lettre de sa grand-mère. Il tourna la tête et vit la souris qui sursauta et se cacha sous un tapis.

- gris / grise / grises
- haut / haute / hauts / hautes
- long / longue / longs / longues
- ouvert / ouverte / ouverts / ouvertes
- petit / petite / petits / petites
- vieux / vieille / vieilles
- vert / verte / verts / vertes

2

Fifi la belette frissonne dans la nuit . Elle a perdu la clé de son terrier ! Elle frappe à la porte de son ami Lulu qui la fait entrer chez lui . Fifi s'assoit sur des coussins , puis Lulu lui offre une tasse de café avec quelques biscuits . Soudain , Fifi sent un objet au fond de sa poche : c'est sa clé !

- brulant / brulante / brulants / brulantes
- confortable / confortables
- délicieux / délicieuse / délicieuses
- dur / dure / durs / dures
- froid / froide / froids / froides
- meilleur / meilleure / meilleurs / meilleures
- sucré / sucrée / sucrés / sucrées

3

C'est l'automne , le vent souffle sur la campagne . Élodie se promène avec son frère et sa sœur dans la forêt . Ils marchent dans les feuilles . Ils ramassent plein de châtaignes . En rentrant , ils font cuire les châtaignes dans une poêle .

- beau / belle / beaux / belles
- bon / bonne / bons / bonnes
- délicieux / délicieuse / délicieuses
- engourdi / engourdie / engourdis / engourdies
- frais / fraiche / fraiches
- grand / grande / grands / grandes
- joli / jolie / jolis / jolies
- petit / petite / petits / petites
- piquant / piquante / piquants / piquantes
- sec / sèche / secs / sèches

4

La sorcière préparait sa potion dans un chaudron . Elle y jeta deux scarabées , un peu de bouse de vache , une plume de perroquet, le jus de deux oranges. Puis elle remua . Elle gouta et fit une grimace : la potion était réussie !

- amer / amère / amers / amères
- moisi / moisie / moisis / moisies
- horrible / horribles
- magnifique / magnifiques
- maléfique / maléfiques
- rouge / rouges
- verdâtre / verdâtres

Pour aller plus loin

Récris ce petit texte en ajoutant autant d'adjectifs que tu peux.

Zoé a un frère et une sœur. Elle habite dans une maison avec un jardin. Elle a une chatte, deux chiens et trois poissons. Elle porte une chemisette, un pantalon et des sandales.

Je maitrise
les pluriels particuliers

Pour commencer

• **Lis les devinettes et construis des groupes nominaux pour y répondre.**

fusées | effets | médical | carte | spéciaux
habits | spatiales | royaux | cabinet | postale

- Tu y vas quand tu es malade : le...
- On l'écrit quand on est en vacances : la...
- Elles traversent l'espace à toute vitesse : les...
- Dans les films, ils créent des images extraordinaires : les...
- Ce sont des vêtements pour le roi et la reine : les...

• **Transforme :**
– au ***pluriel*** les groupes nominaux qui sont au ***singulier*** ;
– au ***singulier*** les groupes nominaux qui sont au ***pluriel***.

Pour s'entrainer

Lis les phrases et transforme-les au pluriel.

1

• Un vaisseau spatial traverse l'espace.
→ *Des...*

• Un aigle royal plane dans le ciel.
→ *Des...*

2

• Dans ce film, un jeune acteur a le rôle principal.
→ *Dans ce film, deux...*

• Cet inventeur est génial !
→ *Ces...*

3

• Au pôle Nord, le vent est glacial.

→ *Au pôle Nord, les…*

• L'écureuil est un petit animal matinal.

→ *Les…*

4

• Un employé municipal répare la porte de l'école.

→ *Des…*

• Le général a un bel uniforme.

→ *Les…*

5

• Avant le match, on a écouté l'hymne national.

→ *Avant le match, on a écouté les…*

• Le personnel médical travaille dans un hôpital.

→ *Les…*

6

• La péniche se déplace sur le canal.

→ *Les péniches…*

• Le corail est très beau.

→ *Les…*

7

• Ce cheval est utilisé pour le travail de la ferme.

→ *Ces…*

• Mon frère a reçu un cadeau très spécial.

→ *Mes…*

J'utilise **é** (**e accent aigu**) ou **è** (**e accent grave**)

Pour commencer

- **Recopie ces mots et découpe-les en syllabes écrites, comme dans l'exemple.**

| hé | li | co | ptè | re |

un zèbre — célèbre — un évènement

un élève — j'espère — une fougère — une étagère

*– Comprends-tu pourquoi les **é** en orange ont un accent aigu ?*

*– Comprends-tu pourquoi les **è** en vert ont un accent grave ?*

Pour s'entrainer

- **Dans le ⓐ, découpe les mots en syllabes et ajoute un accent grave ou un accent aigu sur le e, si c'est nécessaire.**
- **Dans le ⓑ, écris les mots en gris en ajoutant ou non des accents (é ou è).**

1

ⓐ

une colere
un enfant colereux

un endroit poussiereux
la poussiere

ⓑ

- Mon pere a appele les pompiers : le chat etait coince dans le peuplier !
- Le sel est dans la saliere, le the est dans la theiere, le cafe est dans la cafetiere... mais la grue n'est pas dans le gruyere !

2

ⓐ

la cafetiere
le cafe

mysterieux
un mystere

ⓑ

- Les comediens entrent sur scene pour jouer une piece de theâtre.
- Une cuillere, une fourchette, une assiette, un verre, une serviette : Helene met le couvert.

3

ⓐ

un poete
une poesie
un poeme

un trapeziste
un trapeze

ⓑ

- En hiver, je mets de la creme sur mes levres.
- La veterinaire est inquiete pour la panthere : elle a de la fievre.

4

ⓐ

la creme
du lait ecreme

nous esperons
j'espere
l'esperance

ⓑ

- Mon grand-pere et ma grand-mere ont fait une croisiere en mer.
- Voici ma nouvelle adresse :
  7 rue des primeveres,
  deuxieme etage,
  sur la planete Terre.

5

ⓐ

la preference
je prefere
vous preferez

elle se protege
nous nous protegeons

ⓑ

- Les eleves se levent quand le directeur entre en classe.
- L'ecole ferme ses portes : l'ete est arrive, vive les vacances !

Pour aller plus loin

Recopie et complète ces mots avec é ou è.

Exemple : *une cuillère – une cuillérée*

- s _ v _ re – la s _ v _ rit _ – s _ v _ rement
- une c _ l _ brit _ – elle est c _ l _ bre
- ils acc _ l _ rent – ils ont acc _ l _ r _
- il esp _ re – nous esp _ rons – l'esp _ rance
- ils sont lib _ r _ s – ils se lib _ rent – la lib _ ration

Le savais-tu ?
Dans une même famille de mots, les accents peuvent changer.

Je transforme **des phrases en respectant les accords**

Pour commencer

- **Écris le numéro du dessin qui correspond à la phrase.**
- **Ensuite, transforme cette phrase pour qu'elle corresponde à l'un des autres dessins.**

Ils regardent la télé, mais elle préfère la radio.

Pour s'entrainer

- **Écris la lettre du dessin qui correspond à la phrase.**
- **Ensuite, transforme cette phrase pour qu'elle corresponde à l'un des autres dessins.**

1

Quand elle fait de la peinture, elle se protège avec un tablier.

2

Elles arrosent les plantes dans le jardin de Manou.

3

Les araignées auront bientôt fini leur toile.

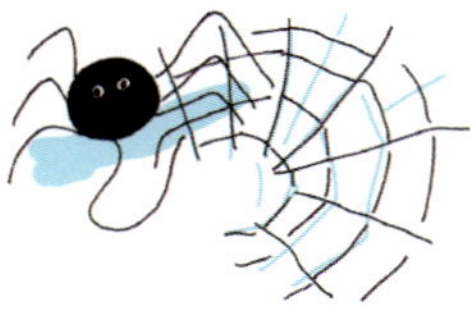
ⓐ

ⓑ

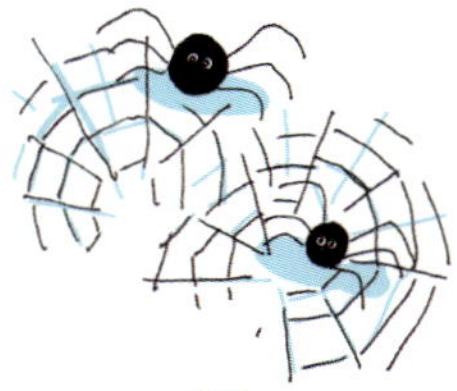
ⓒ

4

Elle lui offre une glace et il lui dit : « Merci ! »

ⓐ

ⓑ

ⓒ

5

Il va manger les poissons qu'il vient de pêcher.

ⓐ

ⓑ

ⓒ

6

Ils sont bien cachés, il ne les trouvera pas !

ⓐ

ⓑ

ⓒ

7

Pendant qu'elles se brossent les dents, il se peigne.

ⓐ

ⓑ

ⓒ

Je maitrise **l'accent circonflexe**

Pour commencer

- **Recopie ces mots et découpe-les en syllabes écrites.**
- **Puis classe-les en deux colonnes.**

une arête | les lunettes | un chêne | une chaussette | une bêtise

une trompette | la tête | un pêcheur | une recette

une guêpe | une clochette | une crêpe

Pour s'entrainer

Écris les mots en gris en ajoutant un accent circonflexe quand il en faut un.

1

- J'ai acheté des vetements de poupée et une dinette.
- Si tu me pretes tes lunettes, je te preterai ma casquette.
- Je reve de faire des tartelettes : vite, la recette !
- Chouette ! Pour le repas, Suzette nous fait des crepes !

2

- Si tu n'arretes pas de m'embeter, je te jette une noisette sur la tete !
- C'est la fete de Mariette et de Juliette !
- Raquettes, chaussettes, casquettes : elles sont pretes pour aller au tennis.
- Cette dame coquette n'a pas l'air honnete, l'inspecteur enquete.

3

- Pour jardiner, il me faut une beche et une brouette.
- Une guepe s'est posée sur ma peche.
- J'ai la meme chemisette que Marinette.
- On a emmelé nos tresses, c'est embetant.

J'utilise
le pronom *on*

Pour commencer

On est un drôle de pronom qui peut prendre beaucoup de sens différents !

Dans les phrases suivantes, remplace le pronom on par une des propositions données dans les étiquettes.

- On a marqué trois buts !
- On a volé mon sac !
- On a bien travaillé ce matin.
- On ira fêter Noël chez Mamie.
- On a construit une cabane dans le bois.
- On n'en peut plus, on est épuisé !
- On ne parle pas la bouche pleine !
- On a pris un feutre dans ma trousse !
- On part en vacances à la montagne.
- On a souvent besoin d'un plus petit que soi.

toute la classe | notre équipe | quelqu'un | personne | tout le monde | toute la famille | notre bande de copains

Pour s'entrainer

- **Dans le ⓐ, transforme la phrase en utilisant le pronom on.**
- **Dans le ⓑ, écris qui « se cache » derrière le pronom on.**

1

ⓐ
- Quelqu'un m'a poussé par terre.
- Toute l'équipe a fêté la victoire.

ⓑ
- On m'a dit que vous êtes le papa de Léo.
- Est-ce qu'on peut sortir en récréation ?

2

ⓐ
- Une lettre pour toi, quelqu'un t'a écrit !
- Personne n'a trouvé la réponse.

ⓑ
- On a gagné le match !
- Je crois qu'on a frappé à la porte.

J'utilise
le pronom *on*

- **Dans le ⓐ, transforme la phrase en utilisant le pronom on.**
- **Dans le ⓑ, écris qui se « cache » derrière le pronom on.**

3

ⓐ
- Quelqu'un a volé ma voiture.
- Le public ne doit pas toucher aux œuvres d'art.

ⓑ
- On s'est bien amusé au parc.
- Il fait trop chaud, on étouffe !

4

ⓐ
- Personne n'en veut plus, personne n'a plus faim !
- Toute la classe prendra le train pour aller à Paris.

ⓑ
- On a fouillé dans mes affaires !
- On n'a pas pensé à acheter du pain.

5

ⓐ
- Personne ne peut plus prendre ce chemin.
- Tout le monde attend le résultat des élections.

ⓑ
- On m'a dit que vous êtes la maman de Paul.
- On a beaucoup pensé à toi, on t'a même écrit.

Pour aller plus loin

Voici les extraits du règlement d'une classe.

Complète les phrases avec On ou On ne/n'… pas.

ⓐ
écoute la maitresse.
embête ses voisins.
arrive en retard en classe.
apprend bien ses leçons.
coupe la parole aux autres.
énerve la maitresse.
attend son tour pour parler.

ⓑ
abime les affaires des autres.
écrit de sa plus belle écriture.
ouvre grand ses oreilles.
oublie d'être poli.
essaie de copier sur sa voisine.
articule pour être compris.
a le droit de courir en classe.

DES MOTS QUI SE RESSEMBLENT

Six mots invariables

à	là	où
à la maison **à** la piscine **à** midi	Reste **là** ! Paul n'est pas **là**. Je t'attends **là**-bas.	**Où** es-tu ? Je vais **où** je veux. **Où** est-ce que tu habites ?
et	**ou**	**mais**
papa **et** maman toi **et** moi une pomme **et** une poire six heures **et** demie	papa **ou** maman toi **ou** moi une pomme **ou** une poire dans une **ou** deux heures	Je suis petit, **mais** costaud ! **Mais** non, tu te trompes ! J'aime le bleu, **mais** pas le vert.

Des déterminants

son	mes	la
C'est **son** vélo. **Son** frère s'appelle Tom. Je suis **son** meilleur ami.	Voici **mes** parents ! **Mes** jouets sont rangés. J'apprends **mes** leçons.	le jour et **la** nuit J'ai mal à **la** tête. **La** fête est finie.

Des verbes conjugués

Trois formes du verbe *avoir*

a	as	ont
Il **a** faim. Elle **a** sept ans. On **a** du travail.	Tu **as** froid. Tu n'**as** plus faim. Tu **as** de la chance.	Ils **ont** sommeil. Elles **ont** la grippe. Ils **ont** une petite sœur.
On **a** gagné ! Il **a** déménagé. Elle **a** eu chaud !	Tu **as** mangé. Tu **as** réfléchi. **As**-tu fini tes devoirs ?	Ils **ont** lu un livre. Elles **ont** appris une poésie. Les élèves **ont** chanté.

Trois formes du verbe *être*

est	es	sont
Il **est** tout seul. Elle **est** encore petite. On **est** champions !	Tu **es** malade. Tu n'**es** pas très poli. **Es**-tu sure de toi ?	Les enfants **sont** sages. Elles **sont** dans la cour. Ils **sont** au CE2.
Elle **est** arrivée. On **est** allés à la mer. **Est**-elle déjà là ?	Tu **es** né en Italie. Tu n'**es** pas allée au cinéma. **Es**-tu déjà allée au cirque ?	Ils **sont** arrivés. Elles **sont** punies. **Sont**-ils prêts ?

Les classes grammaticales

Les noms

Chaque chose, chaque personne, chaque idée porte un nom !

Noms de personnes
enfant
femme
garçon
médecin
sorcière
…

Noms de choses
maison
forêt
fenêtre
montagne
trousse
…

Noms d'animaux
moustique
crocodile
cheval
canard
girafe
…

Noms d'idées, de sentiments…
qualité
aventure
courage
intelligence
vitesse
…

Les adjectifs

Ce sont des mots qui accompagnent le nom, pour donner des informations supplémentaires sur…

La taille, la forme :
petit·e·s
grand·e·s
énorme·s
carré·e·s
…

la couleur :
bleu·e·s
jaune·s
rouge·s
vert·e·s
…

le caractère :
gentil·le·s
intelligent·e·s
impatient·e·s
rapide·s
…

Ce qu'on en pense :
intéressant·e·s
magnifique·s
amusant·e·s
facile·s
…

Les verbes

Ce sont des mots qui se conjuguent et qui servent à écrire tout ce qu'on peut faire.

chanter
danser
courir
réfléchir
dormir
…

D'autres verbes encore :
être
sembler
devenir
rester
…

ouvrir
commencer
comprendre
avoir

Les déterminants

Ce sont des mots, placés avant les noms, pour dire…

Y en a-t-il un·e seul·e, ou plusieurs ?

Articles indéfinis :	**Articles définis :**
un	le
une	la
des	les

Combien il y en a :
deux
dix
quelques
plusieurs
…

À qui ça appartient :
mon
ta
ses
notre
vos
…

de qui, de quoi on parle :
ce
cet
cette
ces

Les mots invariables

Ils ne sont ni au masculin, ni au féminin, ni au singulier, ni au pluriel.

Des « petits mots » qu'on voit souvent :

à	pour
de	sur
sans	…

Des mots pour relier :
et
ou
mais
parce que
car
…

Des mots pour écrire des phrases négatives :
ne… pas
ne… plus
ne… jamais
ne… rien
…

Des adverbes qui se terminent par *-ment* :
lentement
heureusement
vraiment
gentiment
…

Les pronoms

Ce sont les mots qui représentent quelqu'un ou quelque chose.

Les pronoms sujets pour conjuguer les verbes :

je	nous
tu	vous
il/elle/on	ils/elles

D'autres pronoms :
personne
celui-ci
cela
…

Pour poser des questions :

qui ?	lequel ?
que ?	…
quoi ?	

Direction éditoriale : Céline Lorcher
Édition : Charlotte Aussedat, Joëlle Gardette, Marine Estève
Création maquette : Jean-François Saada
Réalisation : Isabelle Vacher
Illustrations : Aurélia Vernhes, Delphine Garcia, Olivier Huette, Émilie Canatte

Création des mascottes : Nikao
Photos : © iStock
Corrections : Florence Richard, Bérengère de Rivoire

N° de projet : 10251173
Dépôt légal : février 2019
Imprimé en février 2019 sur les presses de Graficas.